15歳の東京大空襲

半藤一利 Hando Kazutoshi

★――ちくまプリマー新書
129

目次 * Contents

プロローグ　真珠湾《しんじゆわん》攻撃と日本人＝昭和十六年

●十二月八日の朝

それは空気そのものが凍ったような、ピーンと張りつめた寒い寒い朝でした。夜の明ける前から東京の空は雲ひとつなく晴れわたり、吐く息は真っ白く、外を歩く下駄《げた》の音がより高く響いて聞こえました。ぶるぶる身体を震わして起きたとき、とにかくめっぽう寒かった、という記憶があります。

午前七時、ラジオはポーンと時報を打つ、と、いきなり「しばらくお待ちください」とアナウンスしました。どうしたのかといぶかる耳に、突然、臨時ニュースのチャイムが鳴り響きました。

「臨時ニュースを申しあげます。臨時ニュースを申しあげます」

ラジオからの声は抑えきれない興奮をやっと抑えているかのようです。

「大本営《だいほんえい》陸海軍部、午前六時発表――帝国陸海軍は本八日未明、西太平洋においてアメリカ、イギリス軍と戦闘状態に入れり」
アナウンサーは神経をはってこの短い原稿を二度読んだのち、「なお、今後重大な放送があるかもしれませんから、聴取者の皆様にはどうかラジオのスイッチをお切りにならないようお願いします」と結びました。
これが、わが大日本帝国がアメリカ、イギリスそしてオランダを敵として戦争をはじめた、との第一報でした。昭和十六年（一九四一）十二月八日（月曜日）朝のことで、わたくしは寝床《ねどこ》をはなれてすぐこの放送を聞いた覚えがあります。当時は満十一歳、小学校五年生でした。
このあと七時四分からいつものようにラジオ体操、それが終わった十八分にふたたび「大本営陸海軍部午前六時発表」の臨時ニュースがくり返し放送されました。
いつもは「ラジオは叫ぶイチ、ニッ、サン……」の朗らかなラジオ体操の音楽も、その朝は「タンタンタッタカタッタ―」という軍艦マーチ、
〽守るも攻めるもくろがねの
浮かべる城ぞ頼みなる

…………………の勇壮な曲がかわって鳴りわたり、つづいて「見よ、東海の空明けて……」の愛国行進曲、それからさらに意気高らかに、

〽敵は幾万《いくまん》ありとても
　すべて烏合《うごう》の勢なるぞ

…………………の曲が流れて、大いに国民の士気をあおりつづけました。そして都心にはもう鈴を鳴らして新聞社の号外売りが走りだしていました。こうしてたちまちに奇妙に熱っぽい興奮に国民全体が包みこまれてしまいます。包囲された状態のなかで、忍耐の上に忍耐、我慢に我慢を重ねていたわが祖国が、もうギリギリのところで、世界の二大強国を相手としてついに起《た》ちあがった。ガーンとやっつけた。それは力強く勇ましく、しかしある意味では非合理な、わけのわからない感動のほとばしりといっていいかもしれません。すべてがこの朝から異常になったのです。

考えてみるまでもなく、昭和十二年（一九三七）七月いらい、日本は隣国の中国を敵

としてどろ沼の戦争を戦いつづけていました。その戦いがどうやっても講和にもちこめないのは、中国の背後にあって、アメリカとイギリスが悪知恵を授けたり、武器弾薬を送りこんだりしてけしかけているからだ、と、たえず新聞やラジオで吹きこまれ、そう日本国民は思っていたのです。

わたくしも小学校の先生や周囲の大人たちから、憎《に》っくき米英の話はたっぷり聞かされていました。世界平和の攪乱者《かくらんしゃ》として、平和を願っている「持たざる国」日本を戦争へと追いつめている。それが「持てる国」米英である、と。資源もとぼしく生産力などの国力も劣弱、それが「持たざる国」の意味です。たいして米英は豊富な資源に恵まれた世界屈指の大金持ちの、あらゆるものを「持てる国」というわけです。

わたくしの理解はそんなものでしたから、早朝のニュースを聞いて、そんな世界最強を誇る二つの大国を敵として、また戦争をはじめるなんて！　大丈夫なのかな、と少しく不安にかられるものがありました。しかし、学校へ行ってみれば、先生たちの意気は軒昂《けんこう》たるものがありました。いまや日本人が虐げられたアジアの民の先頭に立って戦うときなのだ、とまさに意気高らかに、わたくしたち小学生に訓示するのです。やむにやまれぬ大和魂《やまと》、アングロサクソン人をアジアから放逐するのだ、などとわけのわからない（当時のわたくしには）ことを先生たちは叫んでいました。

先生たちだけではありません、ほとんどの大人たちが同じように興奮していたといっていい。長い年月、何か重たいものが頭に乗っかっていて、鬱々《うつうつ》として楽しめない気持ちが放送を聞いたとたんさあーと消えてなくなった。つまり「やったァ」という解放感に大人たちは酔っていたのかもしれません。

その日の授業の終わるころには、わたくしも朝の不安もどこへやら、そんな高揚した気分になって、浮き浮きして家に帰りました。と、父がくそ面白くなさそうな顔をしてそんなわたくしをにらみつけて、そして、

「バカな戦争なんかはじめやがって。いったい何をやってるんだ、この国は」

と、かなり大声でひとり言をいうではありませんか。びっくりしました。そして、やがてこの父の言葉があまりにも正しかったことを思い知らされることになりますが、そのときはそんなことを露も思わず、「うちのオヤジは非国民なんだ」と、ひそかに軽蔑《けいべつ》したことを覚えています。

●十二月八日の夜

真珠湾のアメリカ艦隊の潰滅《かいめつ》、イギリスの新鋭戦艦プリンス・オブ・ウェールズ撃沈、さらに南部仏印《ふついん》（現ベトナム）を基地とする日本の航空部隊がフィリピンの米軍基地を攻撃し、アメリカの航空部隊を完璧《かんぺき》に撃破する。戦争がはじまって毎日のように「勝った、勝った」の捷報《しょうほう》がつづきます。新聞社は号外、ラジオは臨時ニュースの連続です。わたくしたち小学生は日の丸の旗行列、提灯《ちょうちん》行列を賑《にぎ》やかにやって、日本軍の勝利を祝いつづけました。

とくに、この十二月八日の夜です。午後八時四十五分、ラジオが軍艦マーチとともに、驚倒するような大勝利の報を伝えました。このとき、日本中の興奮はまさに絶頂に達した、といえるでしょう。

「帝国海軍部隊により決行せられたるハワイ空襲において、現在までに判明せる戦果左の如《ごと》し。

戦艦二隻轟沈《ごうちん》、戦艦四隻大破、大型巡洋艦四隻大破（以上確定）、他に敵飛行機多数

真珠湾攻撃で炎上する戦艦アリゾナ

を撃墜破せり。我が飛行機の損害は軽微なり。……（以下略）」

轟沈というはじめて耳にする言葉に、わたくしも思わず拍手しました。ラジオは、一分以内に沈んだものを轟沈とよぶ、と解説していました。いくらか反戦的といってもいいわたくしの父も、これを聞くと神棚に灯明《とうみょう》をあげ、パンパンと大きな拍手をして、頭を深々と下げたほどでした。

とにかくすべての国民が勝利の感激に酔いしれたのです。よくぞこの時代に生まれた、とほんとうに心からの生き甲斐《いがい》を感じたのです。たとえば、長與善郎《ながよよしろう》（五十三歳）という小説家は「生きているうちにこんな嬉《うれ》しい、こんな痛快な、こんなめでたい日に遭《あ》えるとは思わなかった」と書き、同じく小説家の横光利一《よこみついち》（四十三歳）も「戦いはついに始まった。そして大勝した。先祖を神だと信じた民族が勝ったのだ。自分は不思議以上のものを感じた」と日記に躍動の文字をしたためているのです。それにしても、わが日本は神の国であり、先祖が神と思う民族が勝ったのだとは、ほんとうにもの凄《すご》い文字といえるのではないでしょうか。

これだけでも国民が真珠湾攻撃の大勝利に狂喜したさまがわかりますね。日本じゅうが沸きに沸き、有頂天になったのです。ですから、国民のだれひとりとして、この戦争がいかに無謀な、先のことを考えない無茶苦茶なものであるかに、思いを致すものはありませんでした。もう勝つもんだと疑いもせずきめていたのです。

かりに素直に、常識的に、客観的にものの見る眼《め》をもちさえすれば、資源のない、生産力の劣弱な国力からいって、全世界を敵として戦うことなどできるはずがないことは、あまりにも明らかです。にもかかわらず、常識を無視し、きびしい現実に目をつむったところで、日本の政治家や軍人たち日本の指導者は、戦いをはじめることを決意したのです。

しかし、あとあとから考えれば、日本のそのころの時代感情というものが、思いきった戦いの決断を欲したところがないでもなかったのです。どうして戦争になってしまったのか、そのことを考える人はほとんどいなかった。当然のなりゆきと思っていました。つまり、世論も戦いを欲していたというわけです。軍部も政府も、なにか見えない力に引きずられてしまった。あるいはそれが歴史というものなのかもしれません。米内光政《よないみつまさ》という良識的な海軍の軍人は、それを〝魔性の歴史〟と表現していました。

とにかく、こうしてある日突然に、大戦争がはじまってしまったのです。それまでの、東京下町の小学校五年生の凡々たる毎日は、この日を境にいっぺんに変わってしまうことになります。否応《いやおう》もなしに、すべてが戦争にくみこまれる激動の日々が幕をあけたのです。

しかも、十二月十日には、ドイツとイタリアもアメリカに宣戦を布告、アメリカも日本とドイツとイタリアにたいして戦闘を開始します。ヨーロッパではすでに、ほとんどの国々が敵味方に分かれて戦火を交える第二次世界大戦がはじまっておりましたから、あらたにアメリカも加わって、いまや地球そのものが火をふく火山と化してしまったのです。わかりやすくいえば、同盟を結んでいる日独伊《にちどくい》の三つの国が、世界中のほかの国々を敵として戦争をはじめた、といっていいでしょう。世界中から「平和」という言葉が完全に吹き飛んでなくなったのです。平和を口にする人はだれひとりいません。ほんとうに容易ならざる情勢というほかはありません。

ですから、戦争に反対だの賛成だのといっている余裕はありません。こうなれば国がきめた一つの方向、つまり勝利をめざして、必死の想《おも》いで戦っていくほかはなくなりました。ほかの生き方を選択する余地はなくなったのです。それまでは〝よく学びよく遊び〟というのが、わたくしたち小学生の守るべき心得でした。いまや、この〝よく遊び〟なんてことは許されなくなったというわけです。

ハッキリいえば、わたくしたち少年少女も、いまや〈少国民〉とよばれる一人前の戦士となったのです。国家の運命を賭《か》けた、のるかそるかの大戦争に勝ちぬくために、大人たちの邪魔にならないように、いや、それどころか、大人たちに負けないくらいたくましい戦闘員にならなければならない。少国民の〈少〉はまだ幼い、という意味がありますが、ともかく戦う国民のひとりに加わったということです。

これから長々とお話しするのは、そうした自分の国が戦争をしている（これを当時は〝戦時下〟といいましたが）、とにかくきびしい時代に必死に生きなければならなくなった一少年の物語なのです。少年とは、つまり、わたくし自身のこと。東京は下町の向島《むこうじま》区（現墨田《すみだ》区）生まれの、勉強よりも遊ぶことが大好きの悪ガキであった少年が、どんどん生活が窮屈になり、殺伐《さつばつ》となっていく戦時下をどうやって生きぬき、何を考え、何を悩み、何に喜び、何を悲しんだか、のお話なんです。といって、とくに秀《すぐ》れた人物というわけではなく、平々凡々、そのへんにいくらでもいる子供の話なのです。うまく伝えられるかどうか、わかりませんが……。

そう、うっかりしていました。さきほどわたくしは小学校五年生と書きましたが、これは間違いでした。国のために役に立ち、天皇陛下のために命を捧《ささ》げることのできる人間を育成するのが目的で、「国民学校令」が公布され、小学校が「国民学校」と改称されたのが昭和十六年三月のことです。したがって、対米英戦争の開戦時には、わたくしは小学校ではなく国民学校五年生でした、というのが正しいことになります。この国民学校は昭和二十二年までつづき、六三制の実施でふたたび小学校に戻りますが、戦争中はずっと国民学校の生徒であったわけです。

その名を書くのも忘れていました。向島区立大畑《おおはた》国民学校といいました。のちに空襲で焼け落ち、まわりも焼け野原となって生徒がいなくなったので、戦後はすぐに廃校となりました。ですから、いまは存在していないのです。

第一章　悪ガキと忠君愛国＝昭和十七年

●東条《とうじよう》首相の訓示

年が明けて、昭和十七年は、日本陸海軍の連戦連勝の報がつづき、めでたいことずくめでした。アメリカがアジアの根拠地としていたフィリピンのマニラを占領したのが一月二日。さらに二月十五日には、イギリスの一大根拠地シンガポールを攻略しました。

世界の大強国である米英の軍隊を、残らず広大なアジアから追い出したのですから、日本人の意気がいっそう揚がったのもむべなるかな、というわけです。そこから産出する石油、ゴム、錫《すず》や鉄鉱がみんな日本のものになったのです。もう恐ろしいものはなしで、すっかりいい気になりました。ですから、盛大な提灯《ちようちん》行列でシンガポール陥落を祝いました。やはり日本の陸海軍は無敵であり、この戦争の勝利の栄冠はわれわれの頭上に輝くことは間違いない、とだれもが想《おも》いこみました。

シンガポール陥落二日後の二月十七日、〝文学の神様〟といわれていた志賀《しが》直哉《なおや》という小説家が、ラジオをとおして、こういう感想をのべました。

「人智《じんち》を超えた歴史のこの急転回は実に古今未曾有《みぞう》のことである。……一億一心は期せずして実現した。いまの日本には親英米などという思想はありえない」

歴史上かつてない奇蹟《きせき》的な大勝利をなしとげたいま、日本人は心を一つにして、英米を徹底的にやっつけなければならない……この〝文学の神様〟の言葉に、日本人がひとしく同感したであろうことはいうまでもありません。

われら少国民にも、志賀さんに代わって、ときの総理大臣兼陸軍大臣の東条英機《とうじょうひでき》大将が、叱咤《しった》激励《げきれい》の言葉を送ってきました。「少年倶楽部《くらぶ》」という子供向き雑誌の十七年二月号で、東条大将の勇ましい言葉をわたくしもたしかに読まされた記憶があるのです。正直にいって半分くらいしか意味がわかりませんでしたが。

「われらの皇国日本は、ついにアメリカとイギリスに対し、正義の剣を抜きました。正しく強く戦えば必ず勝つ神武の剣であります。（略）

この大東亜戦争がはじまりまして、皇国の国土は、まだ一度も敵空軍の来襲さえゆるさず、全国民はいよいよ必勝の信念に燃えていますのは、ひとえにこれ、御稜威《みいつ》のいたすところであります。皆さんは、この記念すべき戦勝にあたり、何よりもまず、この皇国日本に生まれた光栄を、心から、深く深く感謝しなければなりません。（略）」

たしか、このへんで読むのをやめた記憶があります。なぜなら、このあとはしっかり勉強しろ、しっかり身体を鍛えろ、そして立派な戦う日本人になれ、という言葉がつづくとわかっている。悪ガキ少国民はとっくに大人たちのいうきまり文句を心得ていて、お説教には飽き飽きしていたからです。

つまり、下町育ちのわたくしは〝よき少国民〟になる気なんててんでなかったということです。マニラやシンガポールが陥落しようと関心がありません。皇国（天皇陛下の治める国）に生まれた光栄に感謝もしていませんでした。それよりもメンコに勝つことのほうが重大関心事。当時はいまと違って大相撲《おおずもう》人気が全盛のときで、双葉《ふたば》山《やま》、羽《は》黒山《ぐろやま》、玉ノ海、男女《みな》ノ川《がわ》、鏡岩と、強くて豪快な相撲をとる力士がそろっていました。この東西の幕内力士全員がメンコに刷られていました。それを全部そろえるのが夢でした。やっと小結を勝ちとったと思ったら、前頭五枚目がひっくり返されてもっていかれたりで、東西の横綱以下の全幕内力士をそろえるのは、悪ガキにとっては戦争に勝つよりもむつ

早朝のラジオ体操の終わったあと、近所の悪ガキ仲間たちと。
肩を組んだ三人、向かって右端が半藤さん。

かしく重要な大事業であったのです。

●二宮金次郎《にのみやきんじろう》さんの銅像

わたくしが生まれて育った下町の〝川向こう〟といわれた向島は、山の手とは違って乙に澄ましたところはこれっぱかしもないところです。同級生の何人かの親の職業を記してみますと、それはそのまま川向こうの土地柄と家並み、そう、身じろぎもせずにくっつき合って、家の屋根と屋根とが互いにもたれ合って、幸せの到来を待っているような、そんな町の風景が描けるかと思います。

順太《じゅんた》＝豆腐屋、昭吾《しょうご》＝いかけ屋、雅国《まさくに》＝下《げ》駄《た》屋、清隆《きよたか》＝自転車屋、常治《つねじ》＝大工、玲子《れいこ》＝

金属加工業、恵美子《えみこ》＝酒屋、えい子＝ミルクホール、和子《かずこ》＝縫製業、喜美江《きみえ》＝左官屋、巳起子《みきこ》＝米屋、雅代《まさよ》＝魚屋、昭子《あきこ》＝銭湯……官吏や大企業のサラリーマンの子女なんかひとりもいません。そんな土地柄でした。

大人たちも気どらず、明けっぴろげで、人の世話焼きが多く、といっても、戦争中ともなるとやたらに軍国主義のお先棒をかついで、熱狂的な大人もやたらにふえましたが。それも下町風のおっちょこちょいのなせる業なんでしょう。

わたくしたち特別な悪ガキは、この〝軍国おじさん〟たちによくぶん殴られました。お前たちはこの国家非常時のときに何という非国民なるか、というわけです。そういえば、わたくしがいかに悪ガキであったかがわかる話があります。それを語るのがいちばん早わかりかもしれません。

前年の昭和十六年九月一日から「鉄製品製造制限規則」が実施され、戦争をつづけるのに最も必要な鉄の自給自足態勢がうんと強化されることになっていました。このため、玉子焼器、大根下《お》ろし金《がね》、犬用金具、エンピツ削り器、王冠栓抜き器、金庫（手さげ金庫をふくむ）、食卓用ナイフ、スプーン、湯タンポなど、じつに多くの日用品の製造が制限され、代用品で間にあわせるように指示されました。

われらが悪ガキの大事な遊び道具であるベエゴマも、製造禁止となって、やがて代用品の瀬戸物と化していきました。

製造制限だけではなく、戦争のはじまった十二月以後になると、鉄製品の回収もはじまりました。それでその標的となったのが、なんと、二宮金次郎さんの銅像。明治三十年代から修身の手本とされ、昭和に入ってから銅像となって、それはどこの小学校にも、それも校庭のいちばんいいところに建てられていました。その金次郎さんコト二宮尊徳《そんとく》先生幼かりしときの像が、戦場へかり出されることになったのです。

わたくしの小学校では十七年の秋ごろ出征ときまりました。薪《まき》を背負いながら読書をやめない像を仰ぎながら、「君たちの生き方の手本にせよ」と先生から年じゅう諭され、「復習と予習と親の手伝いと、三つもいっぺんにやるのはムリだ」なんて曲説を主張して、こっぴどくビンタを張られたりしました。で、この銅像にはいくらかはうらみ骨髄のところがあるけれども、いなくなるとなると、若干の寂しい想いもありました。

そこで、いよいよ彼が出征ときまった前の晩に、悪ガキ仲間四人と語らって、あの小

半藤さんが描いた二宮金次郎さんの銅像

僧の読んでいる本に何が書かれているのか、自分たちの学校はもちろん、近隣の小学校を残らず探偵調査してみることにしました。

まず手始めにわが母校の金ちゃん。肩まで、やっとよじ登って眺めたら「忠孝」と二文字が彫ってありました。さらに近くの小学校へ。そしてわかったことは、製作費をはずんだらしい学校のそれには「君ニ忠ニ親ニ孝ニ」とあったり、数多くの漢字が彫られている（多分、『論語』の文句ならん）のもありました。安くつくったところには、何も書かれておらず白紙のままでした。

それを確認した仲間のひとりが、

「こいつ、何も書いてないのに読んでるふりをしやがって」

といいつつ、コツンと銅像の頭を叩《たた》いて、赤んべエをしたりしました。ところが、そのコツンがいけなかったのか、そこの学校でわれら五人は教師に捕まって。それが母校の校長先生に報告されてしまいます。校長先生はカンカンに怒りました。わが校の恥辱この上ないことだと怒鳴られ、朝から昼まで五人は校庭のいちばんいいところにある朝礼台に曝《さら》しものにされる、というまことに哀れなことになりましたが。

●ドウリットル空襲勝利

四月十八日、勝利勝利に浮かれきっている東京市民をびっくりさせるような、いや、だれよりも鼻高々となっている陸海軍の軍人を愕然《がくぜん》とさせる大事件が起きました。東条首相が豪語していた「敵空軍の来襲さえゆるさず」の、その敵の飛行機が東京上空を飛び、爆弾攻撃を加えてきたのです。

それは奇抜というしかない奇襲作戦でした。ふつうの航空母艦（空母）の艦載機では航続距離が短いため、よほど日本本土に近づかないと空襲は不可能。といって、あまりに近づくのは容易に発見されて、日本軍からの反撃を受けてかえって大打撃を受ける危険性が大きい。そこで航続距離の長大な陸上基地用のB25爆撃機十六機を空母から発進させ、片道攻撃で日本本土を空襲したら、そのまま中国まで飛んでいく、という超常識的な作戦をアメリカ軍がとったのです。

それが見事に成功し、本土防衛の日本軍の裏をかく奇襲となったのです。

記憶のいい同級生がいて、エポックとなったこの日のことを、いちいち想いだしてくれます。彼によれば、この日は土曜日で、五年生と六年生の全員は学校のそばの東成館という映画館につれていかれ、文部省推薦の映画『将軍と参謀と兵』を観《み》ていたといいます。向島区の小学生は勝手に映画を観ることを禁止されていました。それでたまに観せられるのは文部省推薦のつまらない映画ばかり。もちろん悪ガキは先生の監視の目をぬすんでこっそりと、大好きなアラカン（嵐寛寿郎《あらしかんじゅうろう》）の鞍馬天狗《くらまてんぐ》やら清水次郎長《しみずのじろちょう》の荒神山《こうじんやま》なぐり込みやらのチャンバラ映画を欠かさずに観ていましたが。

つまらない映画と書いたけれど、わが記憶によれば、この『将軍と参謀と兵』はどうして文部省推薦らしくなくて、まことに面白い、悪ガキ向きの作品であったようでした。が、同級生によれば、バンツマ（阪東妻三郎《ばんどうつまさぶろう》）が扮《ふん》する将軍が「戦争というものは厳しいものじゃのォ」といったとき、突然、映写中止。空襲警報発令ということで、ただちに駈《か》け足《あし》で帰宅せよ、ということになって、終わりまで観ることはできなかった、らしいのです。

「戦争とはまことに厳しいものと、あのときには痛感させられたな」と記憶力のいい同級生はいいます。「バンツマのセリフと警報とがそんなにタイムリーにゆくのかよ」と

空母から発艦するドウリットル爆撃隊のB25

疑義を呈しても、あれから七十年になんなんとする彼の確信は毫《ごう》もゆるぎません。
わたくしの脳裏にきざまれているのは、頭に何かのっけて（何であったかは忘れました）逃げて帰る途中、見上げた空に浮かんでいたのは五つ六つの白い綿アメのような煙のかたまりでした。妙な静寂がまわりを囲んでいました。それが応戦した日本の高射砲の炸裂《さくれつ》のあとと知ったのは、「ポカンとするな。早く家へ帰れ。破片が落ちてくるぞ」と警防団員の大人から怒鳴られてからのことでした。
腹がへったなあ、綿アメ、カルメ焼き、何でもいいから食いたいな、と一瞬思った覚えもあります。いまはそのときの攻撃隊長の名前をとって、これは「ドウリットル空襲」とよばれています。東京空襲はほぼ正午ごろ、腹がへったなあ、と思ったのも当然のことでした。B25は大そう低空で来襲したといいますので、飛行機ばかりではなく、なかに搭乗しているアメリカ軍人もはっきり見たという人も多いのですが、映画館の中にいたわたくしは見ていません。敵機を見たという人も、実はポカンと眺めていて、恐怖感とはおよそ縁がなかったようなのです。

いずれにせよ、さして大きな被害がでたわけではないためか、敵機が去ったあと東京市民はたちまちもとの生活に戻り、われら悪ガキもさっそく横丁のいつもの場所で、ベエゴマやメンコのやりとりに夢中になっていました。それで東京だけでも三十九人の死者が出た、なかには小学生や中学生も何人かいた、ことなどまったく知らなかったのですから気楽なもの。戦争はまだまだ遠くにあったのでしょう。

でも、この日の夜中、十九日午前一時ごろに、ふたたびサイレンがポーポーポーと短く断続的に鳴る空襲警報があって、坊ッ、起きろ、と父に叩き起こされたことは記憶にはっきり残っています。昼間と違って、真夜中の空襲警報は恐ろしくて、起きてはみたがどうすればいいのか、ただオタオタと、二階へ上がったり下ったり、家の中をうろつき回るだけでした。まだ防空壕《ぼうくうごう》のようなものをどこの家庭も造っていなかったころでした。

しかも、ドウリットル空襲は思いがけない影響を日本国民にもたらしました。このあと灯火取締規則が発令されたのです。要は敵の空襲に備えて、家庭で使っている電灯の光を直接外にもらしてはならない、ということで、五月八日にだされました。

そこで各家庭では電灯の笠《かさ》を黒い布でおおって、光がちょっとでももれないようにと細心の注意をはらうことになります。お蔭《かげ》で、それでなくともどことなく暗く思われる世相なのに、いっそう暗くなってしまう感じでした。われら悪ガキも夜遊びはできなくなり、夜になると街路は真っ暗になるから、暗闇の底で呼吸《いき》をひそめて暮らしているような気になったものでした。

東京中がひっそりしました。光をわずかでも外にもらそうものなら、

「非国民め！」

と警防団から糾弾されます。このレッテルを貼《は》られるのは、ひとり暗闇《くらやみ》に放り出されたように、怖いことでありました。日本人のだれもがピリピリしはじめました。

●焼夷弾《しょういだん》は難なく消せる

B25の東京初空襲で、陸海軍部は震撼《しんかん》しました。米機動部隊の接近をはるか遠く太平洋上で発見することはしていたのです。しかし、戦術常識からみて、それが攻撃圏内に入るのは十九日であろうと予想し、それを捕捉《ほそく》して撃退するための作戦を練っていたのです。ところが、ドウリットルの編隊の来襲は丸一日以上も早く、まさに寝込みを襲われた格好《かっこう》になります。

軍上層部の驚愕《きょうがく》と狼狽《ろうばい》は最高に達しました。かかることがくり返されるようなことがあれば、国民をいっそう混乱させ、軍部への信頼を失わせることは必定、それは士気の低下を招き、戦争遂行の大きな障害となる。防衛策の緊急強化は当然のことながら、それ以上に国内問題を重要視しなければならないということになったのです。そこで、さっそく軍部から要求されて内閣情報局は「この空襲の教訓を生かせ」と、国民の尻《しり》を叩くような声明を発しました。「国民の覚悟」と題する長文のものがそれで、その肝腎《かんじん》かなめのところはこうなっています。

「教訓の一つは、爆弾恐るるに足らずということである。即《すなわ》ち、爆弾の炸裂《さくれつ》による人命の損傷は極めて局部的、かつ瞬間的なもので、ほとんど命中弾を受けた場合に限られているということである。

その二は、焼夷弾恐るるに足らずということである。焼夷弾は平素の訓練通り、身を挺《てい》してこれに当る覚悟でやれば難なく消せる。（略）

ひとたび空襲すれば、帝都（東京）は一朝にして焼野原と化してみせるというのが米国の掛声であったが、帝都を始め爆撃を受けた各都市は、いずれもご覧の通りの平静な姿である。（略）

空襲何ら恐るべきでない」

悪ガキのわたくしには、その当時には関係のない文書でしたが、いまになって考えると、「焼夷弾は難なく消せる」という文句が与えた影響の何と大きかったことよ、ということに思い当たります。あとでくわしく語ることになりますが、昭和二十年三月十日深夜、わたくしはたしかに「焼夷弾は消せる」ものと信じて、身を挺して消火に当たったのです。そのために逃げ遅れた。逃げ遅れたばっかりに……いや、このことについてはいまはここまで、ということにいたします。

なにしろもう六年生になり、来年は中学校受験であるというのに、そこは下町育ちの遊び盛りです。つみ草、国とり、花いちもんめ、チャンバラゴッコ、竹とんぼ、水雷艦長、かいぼり、トンボ捕り、馬とび、押しくらまんじゅう、石けり、「今年の牡丹《ぼたん》はよい牡丹」、金ふり銀行、なわ飛び、凧揚《たこあ》げ、竹馬、メンコ、ベエゴマ、けん玉、「ズイズイズッコロバシ」、三角ベース、「かごめ、かごめ」、そしてなかでも熱中したのが地面に円を描いての相撲……。

一つ一つを説明したいのですが、大作業になるので略します。学校から帰れば、ただちに寄り集まっての戸外での遊びです。なかには途中から抜けて、習字や算盤《そろばん》の塾へ行くものもありましたが、下町の子供たちは日が暮れて真っ暗になるまで、真っ黒になって遊びころげたものでした。

その間に、「勝った勝った」の戦争は、いっぺんに悪化していっていました。当時はぜんぜん知らないことでしたが、六月のミッドウェイ海戦で、無敵ともいわれた日本の空母を主力に編成した機動部隊が潰滅《かいめつ》してしまったのです。虎《とら》の子《こ》と大事にされた空母

押しくらまんじゅう、押されて泣くな

チッチッチッと床に放りこむベエゴマ

四隻が太平洋の底に撃沈されてしまう。敗因はいろいろといわれていますが、要は驕慢《きようまん》の一語につきるのです。連戦連勝で驕《おご》り高《たか》ぶっていたのがいけなかった。

潮の干満が変わったように、アレヨという間に、攻勢と防御との大きな流れが変わりました。もう徹底的に勝ちぬいて何とか講和にもちこもうという早期講和は望めず、長期戦を覚悟しなければならなくなりました。資源も生産力も劣っている国が長期に戦いぬくことはできません。国力がアメリカの十分の一という日本には、この海戦の敗北は致命傷ともいえます。このあと、一つ一つの戦闘に勝つことはあっても、全体としての大きな戦争に勝利することは容易なことではなくなりました。

しかし、この大敗はいっさい公表されません。というよりも、大本営《だいほんえい》の発表はむしろ〝勝ち〟により近いものでした。国民はまさか大打撃を受けたとは思わず、「またまた勝って、お目出たいことで」なんて楽しい会話をかわしていたのです。

われら悪ガキも「今年の牡丹はよい牡丹、お耳をからげてスッポンポン、もう一つおまけにスッポンポン……」と相変わらず元気に、楽しくやっていたものでした。わが無敵の機動部隊がスッポンポンになったことも知らずに。

●タコの遺骨はいつ還《かえ》る

「小倉市、男子事務員（二五）。右ノ者、昭和十七年四月二日長崎駅発列車ニテ帰宅中、左ノ如《ごと》キ反軍俗歌ヲ記載シアル手帳ヲ所持セルヲ発見ス。

一、御国《おくに》の為《ため》とは言いながら
　多くの人に見送られ
　出て行く此《こ》の身のかなしさよ
　可愛《かわい》いよっちゃんと泣き別れ

（二番　略）

措置　厳重処分ス」

これは当時の内務省警保局が昭和十七年四月につくったある文書の一節です。役所がおっかない眼《め》を光らせて、世論の動きをピリピリして取締っていることが、これだけでもよくわかります。このころは、反戦的な、反政府・反軍部的な言論（井戸端談議やうわさ話までを含めて）をするものは、警察や軍の憲兵によって、ビシビシと引っぱられて処罰をうけました。おっかない時代であったのです。

ここに引用されている不逞《ふてい》の輩《やから》が書きとめていた歌は、もちろんある流行歌の替え歌です。赤紙、そう、軍隊への召集令状は赤い紙に刷られていました。その赤紙一枚が届けられれば、戦場へ出て行かなければならない。そうした若ものたちのつらい想いを、ひそかに歌ったものです。それは要するに反戦思想であると、当局はこれを許そうとはしませんでした。

しかし、昭和十二年（一九三七）七月いらい、くる年もくる年も戦争です。多くの若ものが勇ましく出征していき、半カ年もたたないうちに戦死して遺骨となって無言の帰国をしてきました。いったい戦争はいつ終わるのか、というのが、日本国民の多くがひそかに願っている想いです。警察や憲兵がどんなにきびしく弾圧しようと、屈することもなく、そうした反戦的な、反軍的な替え歌がつぎつぎに生みだされていきます。

だれが、いつ、どんな想いでつくったものか、すべて皆目わからず、それでいてあっという間に広まり、ひそかに歌いつづけられました。そこが替え歌のすばらしいところなんです。『万葉集』の昔からある「読み人知らず」の歌には、ほんとうに名歌があるものなのです。

昭和十五年につくられて、女優高峰三枝子《たかみねみえこ》が歌って大ヒットした「湖畔の宿」という流行歌があります。「山の寂しい湖に……」と歌いだされる内容もメロディもセンチメンタルな歌。ところが、これは戦意高揚には役に立たないと、内務省がすぐに発売禁止の命令を発しました。

その鬱憤《うっぷん》をはらすように、たちまちに替え歌がつくられ、これがまた傑作で、われら悪ガキによって爆発的に、ただしひそかに歌われました。警官や熱狂的な軍国おじさんの目をかすめては、わたくしなんかも大いに歌ったものでした。いくらかは捕まって説教も拳骨《げんこつ》も平気の平左の、度胸をつけて歌ったところもあります。

〽きのう召されたタコ八が
弾丸《たま》に当って名誉の戦死
タコの遺骨はいつ還る
骨がないから還れない
タコの親たちゃ悲しかろ

いま思っても、よく出来た歌ですね。底知れぬ悲しみがあります。
これもまた昭和十五年につくられた軍歌なのですが、同時に戦争遂行のためのスローガンになりました。しかも、対米英戦争がはじまってから大いに強調されるようになった、「月月火水木金金」と。土曜も日曜も返上して年中無休で頑張ろう、を意味する言葉です。もともとは海軍さんの苦労を偲《しの》んでさかんに歌われたものでした。高橋俊策《たかはししゅんさく》作詞、江口夜詩《えぐちよし》作曲の元歌はこうです。

〽朝だ夜明けだ　潮《うしお》の息吹《いぶ》き
　ぐんと吸いこむ　あかがね色の
胸に若さのみなぎる誇り
海の男の艦隊勤務
月月火水木金金

この元歌そのものも快調なメロディで、盛んにわたくしたちも歌いましたが、替え歌がわが小学校にまで忍びこんできてからは、もはや元歌はどこかへ飛んでいってしまったんです。歌ったのはもっぱらこっち。

〽夜の夜中の　真っ暗やみで
うんと踏んばる　あかがね色の
くその太さとみなぎる匂《にお》い
裏の畠《はたけ》のこえだめ便所
けつけつかいかいノミシラミ

せっかくの戦意高揚、勝つまで休みもなしに頑張れという「月月火水木金金」も、これでは形なしもいいところです。

そういえば、童謡の「夕焼小焼で　日が暮れて」の替え歌も、日が暮れて今日はこれでバイバイというときに、悪ガキ一同でしきりに合唱したものでした。

〽夕焼小焼で日が暮れない
山のお寺の鐘鳴らない
戦争はなかなか終らない
烏《からす》もおうちに帰れない

もちろん、これらの歌には反戦的反軍的な気持ちがこめられていると特に意識して歌っていたわけではありません。しかし軍国おじさんに見つかればどやされることは承知しています。だからといって、隠れてこそこそと歌う、なんていうことはまったくありませんでした。われら下町の子供たちは戦時下のきびしさにあまり関係なしに、陽気に、仲好《なかよ》く、元気よく毎日を過ごしていたのです。

でも、念のため書きますが、戦争どこ吹く風とぜんぜん知らん顔をしていたわけではないのです。出征兵士の見送りや、勝利の報を祝っての提灯行列や旗行列では大いに張り切って万歳、万歳と大声をあげていたのです。むしろ、それも押しくらまんじゅうみたいな遊びの一種、であったかもしれませんが。

●欲しがりません勝つまでは

しかし、昭和十七年の夏の終わりぐらいから様相が少しずつ変わってきました。初めのころの勝ちっぷりのよさが影をひそめだし、連戦連勝のままに戦争がつづくものと思っていた軍国おじさんたちの顔が、少しずつ曇りだしけわしくなりはじめます。軍艦マーチが高鳴って伝えられる戦勝報道も少しずつへって、控え目になっていきます。

ガダルカナル島で全滅した日本軍一木支隊、戦死800余名
（昭和17年8月21日）

そうなんです、あっさり言ってしまえば、日本軍の戦勝は六月までで終わっていたのです。ミッドウェイ海戦に負けるまでが、日本のいちばん威勢のよかった時期で、以後はまともな「戦争」ではなくなっていくのです。八月のアメリカ軍のガダルカナル島上陸、このあとは、日本軍兵士たちが肉体をもってアメリカ軍の鉄と火と弾丸にぶつかっていく、いわば殺戮《さつりく》がはじまる。悲惨な状況が南の島々のあちらこちらで展開されることになるのです。

秋も深まった十一月十五日、「大東亜戦争一周年記念・国民決意の標語」の大募集が行われました。わが学校からも、何人かのえらばれた優等生たちが知恵をしぼって応募したようですが、全員落選。下町の優等生といったってタカが知れていますから当然のことでした。

しかも、十一月二十七日に各新聞にいっせいに発表された入選作の、しかも最優秀作のように大きく伝えられた標語には、ほんとうに地団駄を踏んで口惜《くや》しがったものです。

なぜならば、それは、

「欲しがりません勝つまでは」

というもので、しかも麻布区《あざぶ》（現港区）笄《こうがい》国民学校五年生の女の子がその作者である、というではありませんか。

「なにッ、五年生のアマッチョが一等だと⁉　そんなバカな。だれか他《ほか》のものが作ったのと違うか」

と、われら悪ガキは疑いつつも、みんなして嘆声をあげました。

「先公《せんこう》（先生）がオレたちにやらせれば、もっとスゲエのを作って、見事に一等賞をもぎとってやったものなのにな」

そう強がってみたものの、先生が悪ガキを指名するはずはありません。実は、ほんとうの作者は少女の父親（天理教布教師）であるとわかったのが、戦後も二十二年もたった昭和四十二年のこと。悪ガキのカンは当たっていたことになります。

なお、ほかの入選作品には「さあ二年目も勝ち抜くぞ」「頑張れ！　敵も必死だ」「たった今、笑って散った友もある」「理屈言う間に一仕事」「ここも戦場だ」「足らぬ足らぬは工夫が足らぬ」というものがありました。そういえば、こんな落書が質屋の塀に大書されていたのを想いだします。

「足らぬ足らぬは夫《おっと》が足らぬ」

あわてて警防団や軍国おじさんが雑巾《ぞうきん》で、このいたずら書きを消していました。が、なかなか消えず、ぼんやり眺めていた悪ガキ一同が「お前たちも手伝え」とたちまちに雑巾をもたされました。

戦争がはじまってから、若ものはどんどん赤紙一枚でかり出されていきます。町には若い人がガクンといなくなりました。若い女性がどんなに結婚したくても相手がいません。たしかに夫になれる若い男が足らなくなって、いたずら書きの悲鳴が上がるわけなんですね。

戦争とはほんとうに大量の消費をともなうものなので、日常の物資もなぜかわからないままに店先からさっさと消えていきます。ですから、当時のわが同級生たちはほとんどがつぎ当てがした服を着ていました。ズボンの膝《ひざ》や上衣の肱《ひじ》には、母や姉がきれいにつぎを当て、みっともない格好をさせないように工夫してあります。足らないどころが、できるかぎりの工夫がほどこされていたのです。とにかくみんなして我慢の日々です。「欲しがりません勝つまでは」そのものです。自由気儘《きまま》なことはいっさい許されない。それが戦争というものなのです。

そして、昭和十四年九月いらいきめられていた興亜奉公日が、十七年一月からは十二月八日に戦争が開始されたことにちなんで、毎月八日の「大詔奉戴日《たいしょうほうたいび》」に変わりました。この日は早起き、宮城遥拝《きゅうじょうようはい》、日の丸掲揚、近くの神社への戦勝祈願といったことが、だれにも義務として課せられています。その上に三食は一汁一菜、学校や職場へもっていく弁当は梅干一コの日の丸弁当。さらに大人たちは禁酒禁煙を要求されました。

「まるで月にいっぺん監獄に入れられるような情けない気分だな」

と、大酒のみのわが父は悲鳴をあげていました。そしてこっそりコップ一杯の、自分で名づけて〝勇猛喚起湯《かんきとう》〟なるものをちびちびやっていました。

先行きはまったく見えなくなりました。まさしく標語どおりに〝勝つまでは〟なのですが、その可能性はかなり失われつつあったのを、ほとんどの人が知りませんでした。

われら悪ガキは、鉄製のベエゴマが供出でなくなってしまい、すべて瀬戸物になりましたから、相手を弾き出すより先に、丸い床の上で相手に当たるとパチンと二つに割れてしまう弱いやつとなり、チッチチッチッと勢いこんでやる元気もいつか失《う》せていってしまうのでした。

●しこの御盾《みたて》と出で立つ吾《われ》は

この年の十一月二十日、校長が朝礼のときに「六年生の諸君は、ぜひ覚えるようにしなさい」と半ば強制的に訓示したまことに迷惑千万なものが、新聞にいっせいに掲載されました。「愛国百人一首」というもの。いまはそんなカルタがあったことなど知る人ぞ知るのみですが、当時は鳴りもの入りで発表されました。

日本文学報国会選定、情報局後援、陸海軍および大政翼賛会賛助、毎日新聞社協力というもののしさ。選定委員には佐佐木信綱《ささきのぶつな》、斎藤茂吉《さいとうもきち》、北原白秋《きたはらはくしゅう》、折口信夫《おりくちしのぶ》、川田順《かわだじゅん》といった歌人や詩人のお歴々が名をつらねています。大げさにいえば、国を挙げての大事業というわけです。

わたくしはいまでもそのうちの何首かを記憶にとどめています。どうやらこのときはいつもの悪ガキをやりながらも、一所懸命に覚えたらしい。自分でも不思議と思えるのですが、たまにはそんな風に国の方針にそって真面目《まじめ》になったこともあった、そうとしか思えません。なにしろ、あれから六十年以上もたっているのに、たしかに頭に入っているのですから。

そのうちの三つほど挙げてみることにします。

今日よりはかへりみなくて大君の
しこの御盾《みたて》と出で立つ吾は

〈とるに足らない男であるが、大君をお守りするために、元気よく戦場へ出発いたします〉と、下野国《しもつけのくに》の防人《さきもり》の今奉部與曾布《いままつりべのよそふ》が歌ったもの。

山はさけ海はあせなむ世なりとも
　君にふた心わがあらめやも

源頼朝《みなもとのよりとも》の次男、三代将軍の源実朝《さねとも》の作。〈山が裂け海が干上がるような世が来ても、自分は大君に二心があるようなことはない。何事があっても忠誠を捧《ささ》げて変わることは決してない〉。堂々たる歌いぶりですね。

かへらじとかねて思へば梓弓《あずさゆみ》
　なき数に入る名をぞとどむる

楠正行《くすのきまさつら》の作。足利尊氏《あしかがたかうじ》の大軍と戦い、四条畷《しじょうなわて》で戦死。〈生きて還ることはあるまいとかねてから思っているから、ここに（吉野にある如意輪堂《にょいりんどう》の過去帳に）亡き人に入る自分の名をしっかりと記して出陣していく〉。悲壮感にあふれるいい歌です。

この百人一首がいみじくも象徴するように、十七年の終わりごろからいっそう忠君愛国の精神の強調が、わたくしたちの身のまわりをとりまくようになったと、そう思います。戦争は国家総力戦、国民の一人ひとりがすなわち戦う人間でなければならない。そのためにもますます忠君愛国の精神を磨かねばならないと、強く要請されたのです。

大人と子供の区別はありません。つまりいつまでも悪ガキではいられなくなったということなのです。それで「愛国百人一首」をいくつも熱中して覚えたのだというつもりはありません。クラス担任の教師が熱狂的な軍国おじさんで、機会あるたびに「今日よりはかへりみなくて……」と朗詠して生徒に聞かせた、それで悪ガキをやりつつも、自然に覚えさせられたといったほうがいいかとも思います。

しかし、いまになって常識的に考えれば、忠君愛国が叫ばれれば叫ばれるほど、戦勢が悪化していることの証《あか》しと悟らねばならなかったのです。ところが多くの大人たちはラジオの報道の軍艦マーチのぐんと少なくなっていることに気づかずに、いや、気づいたからなおのことか、熱狂的になっていきました。わたくしたち悪ガキが広場で遊んでいるとはげしく叱《しか》りつけ、家へ帰って親の手伝いをしろという意味の怒声をあげました。それ以前の下町にはおよそなかった大声のお小言《こごと》でした。それで次第に悪ガキでいられなくなり、少国民にさせられていったというわけなのです。

当時は知るべくもありませんでしたが、歴史的事実をいまは知ることができます。たしかに、日本軍は大損害をうけ敗北をつづけていました。南も南、赤道より南のガダルカナルという島で、アメリカ軍の反攻を日本軍が迎え撃って、日米両軍は真っ正面から激突して、勝利はアメリカのほうに輝きました。

戦うこと約五カ月間で、海軍は戦艦など二十四隻を失い、飛行機八百九十三機が落ち、パイロット二千三百六十二人が戦死しました。陸軍は戦死八千二百人、戦病死一万一千人、そのほとんどが栄養失調による餓死《がし》なんです。戦闘の状況はそこまでひどくなっていました。哀れというほかはありません。

結果として、昭和天皇が「このような情勢では大晦日《おおみそか》も正月もない」といって急遽《きゆうきよ》、御前会議をひらかせます。そしてもはやどうにもならないゆえにと、ガダルカナル島からの撤退がきまりました。これが十七年十二月三十一日のこと。こうしていくら忠君愛国を強調してもどうにもならない日本軍の完全敗北のうちに、昭和十七年は去っていったのです。もちろん、当時はそんな事実を知るべくもありませんでした。

第二章　軍国訓練と中学生＝昭和十八年

●中学校入学の条件とは

それは天雷のごとくわたくしに衝撃を与えた言葉でした。

「いいか、中学の入学試験に落ちたら、すぐ小僧奉公に出すからな」

父は配給の酒をのみつついい気持ちそうにそうのたもうたのですが、こっちは思わずぶるぶると身体を震わせました。ナニッ、小僧奉公に出す⁉

ここに一つの統計があります。昭和十年のわが向島区の年齢十六歳以下の少年工員や少女工員の数です。少年工五百五十七人、少女工千八百九十四人。少女工は少年工の三倍もいます。川向こうの幼い手はおはじきやメンコばかりしていたのではありません。小学校を卒業するとすぐ住み込みの働きに出されていきました。小づかいは月二回払いで大体五十銭ぐらい、就業時間は平均十二時間と、これも統計に出ています。

ですから一杯機嫌の父におどかされ、悪ガキは震え上がったわけです。それに戦時下の世情もきびしくなり、熱狂的軍国おじさんの数もふえてやたらにうるさく、夜は真っ暗で遊べないし、悪ガキをつづけるのはなかなかに難儀になりつつありました。いきおい中学校進学のための勉強に少しばかり精出すことになります。目ざすは同じ向島区にある東京府立第七中学校すなわち七中（現墨田川《すみだがわ》高校）です。それも「お前の頭じゃ三中（現両国高校）は無理だ」と、はじめからレッテルを貼《は》られての進路決定でした。大いに不満でしたが、いくらかは自覚もあったゆえ文句をいいませんでしたが。

当時、中学入試は三年前の昭和十五年から全国いっせいに筆記試験はなくなり、かわりに国民学校から提出される内申書と、中学で行う体力検定、身体検査、それと口頭試問によって合格不合格がきめられていました。

どうしてそんな試験方法が考えられたのかというと、「入学考査の精神と心構え」（昭和十八年刊・大日本出版ＫＫ）という本によると、そもそも日本の教育精神というものは、教育勅語の精神にのっとり、大日本帝国の隆盛に役立つように、「知・徳・体」を充実させた国民を練り上げることにある、というのです。そのために新しい入学試験の制度がきめられた、つまり、将来兵隊として真に役に立つだけの体力のないものは、頭だけよくても中学校へ入る資格さえないということになったのです。

そこで、まず体力検定です。重い土の入った叺《かます》をかついで、エッサエッサと規定の秒数を全速で走らなければダメ、懸垂が四回以上できないと不合格、ということになりました。それで毎日毎日、鉄棒にだらりとぶら下がって、鉄棒の上に首をツン出そうと、真っ赤になったタコの八ちゃんよろしく、身をクニャクニャよじっている気の毒な〝お坊っちゃま〟育ちの同級生が何人もいたことが想《おも》いだされます。

そこは悪ガキ育ちで、押しくらまんじゅうや棒倒しや、騎馬戦《きばせん》や水雷艦長で鍛えてきたこっちは、体力腕力気力に関するかぎりは、当時の軍国主義国家が期待する以上にリンリンたるものがあります。懸垂四回なんかお茶のこさいさい。重量運搬もお猿《さる》の駕籠《かご》屋はホイサッサと屁《へ》の河童《かっぱ》なんですが……。

問題は口頭試問です。面接の一問一答だけで運命がきまる、がぜん小僧奉公の恐怖がわが心を攻めたてます。しかもそのウェイトは体力検定よりもはるかに高い、と担任の教師にいわれて、六年生の三学期からは悪ガキもすっかり牙《きば》をぬかれたように大人しくなります。父のおどかしはほんとうに効果満点でした。

「半藤《はんどう》、さあ、今日も口頭試問の練習をやるぞ」

と、軍国教師にいわれると、そんなものはクソ喰《く》らえだと以前なら脱兎《だっと》のごとく学校から抜けだすところですが、いまはスゴスゴと教室に居残ることになりました。一緒に残った女学校へ進学予定の四、五人の同級生のお茶ッピィたちが、クスクスと笑いながら、〝お坊っちゃま〟にまじって、死刑囚みたいに哀れなわたくしの姿を眺めます。なかには、

「犬みたいにいうことをきく半藤クンて、可愛《かわ》いいッ」

などと余計なことをいう米屋の娘もいました。尻《しり》をバーンと蹴《け》飛《と》ばしてやりたいところですが、ジッと我慢の子になります。なにしろ学校から提出される内申書も重要なりと聞かされていましたから。「操行（ふだんの行い）丙《へい》」なんて書かれては目もあてられません。小僧奉公への坂道に転げ落ちることになります。

●ゲンマイというあだ名

さて、口頭試問の予行演習ですが、さんざんにしぼられました。これまでにどんな問

題がでたかを教師が若干調べてきてくれて、とにかく難しいんだとさんざんおどかしたあとで、「尊敬する人物は？」と聞かれたら、「忠臣 楠《くすのき》正成《まさしげ》であります」と答えるのだぞ、ハイわかりました、とたっぷり仕込まれます。ああ、それなのに予行演習となって、性分のツムジ曲がりがでて、それに楠正成なんてまったく存じない人ですから、ついつい「鞍馬《くらま》天狗《てんぐ》であります」なんてやって、拳固《げんこ》で頭のてっぺんにゴツン。「一旦《いったん》緩急アレバ義勇公ニ奉ジ」とはどういう意味なるか？　悪ガキ育ちは「わかりません」。バカモン！　ゴツン。お坊っちゃま育ち「いざというときには、天皇陛下のため喜んで死ぬことであります」。ヨーシ、実によく出来た！　八紘一宇《はっこういちう》の大理想とは何か？　悪ガキ育ち「サッパリわかりません」。このオタンコナスめ、ゴツン。お坊っちゃま育ち「世界を一つの家となして、天皇陛下がその家長とおなりになることであります」。ウム、合格だッ。

　そのほか、北条時宗《ほうじょうときむね》の時代に日本に攻めてきて害を与えた国は？　わが国の日の丸の国旗にはどんな意味があるか？　撃ちて止まむとはだれがいわれた言葉か？　またその意味は？　ＡＢＣＤ包囲陣とは何のことか？　などなど、いくつも設問を出されて予行演習を何回もやった覚えがありますが、ついにお褒《ほ》めの言葉は一回もなし。ゴツンばかり。残念ながらほんとうのことなのです。

そして試験当日の三月十日、練習設問のような難しい問題は、下町のガキどもには無理、と七中の先生たちが思ったものか、せっかく用意していったのに、八紘一宇も一旦緩急も、一問もでませんでした。かわりに何を尋ねられたか。「わが国の統一的な国号をいいなさい。だれが、いつそうきめましたか」というもの。悪ガキ育ちは、自慢するわけではありませんが、これは珍しく知っていたのです。

「国名は大日本帝国であります。外務省が統一してそういうことにきめました。昭和十一年からであります」

少々意外かと思われるかもしれませんが、これが正解。より正確にいえば、昭和十一年の四月十八日に決定されました。じつはわが父が酔っていい機嫌のいつもの調子で、「日本国、大日本国、日本帝国、大日本帝国と、詔勅や政府の通達なんかでマチマチに使われてきたが、これで統一されて一つになった。やっと一人前の国らしくなった。それにしても大日本とは大きく出たもんだ」と、何度となくいうのをそばで聞いていたため、シッカリ記憶にとどめていたのです。それでスラスラ答えられたわけです。

もう一つ、記憶にある質問は、お皿に白米と玄米とが盛ってあって、「これは何かね」というものでした。「白米と玄米であります」「どこがどう違うのか」「玄米を搗《つ》くと白米になります」「君はいつもどっちを食べているかね?」「両方混ぜたものを食べております」。そこで「なぜ、そうするのか?」とききました。これに、悪ガキ育ちはムムッと唸《うな》っただけで答えられませんでした。

あとで調べてみると、その年、昭和十八年一月に、総合戦力の増強のために、玄米食普及の方針をきめて政府が閣議決定をしていたのです。「一、一般家庭に対しては、玄米食の趣旨の普及に努め、進んで玄米を愛用するよう指導する。二、(略)、三、玄米の希望者には、事情の許す限り、麦類等の混合せざる玄米のみを配給する。四、(略)」。これによって、国民生活の緊張を一段と高めて、かつ剛健にして簡素化を図ることを目的とする、と声明は謳《うた》いあげていました。

もちろん、わたくしはそんなことは知りませんから答えられなかった。あとで同級生になった友に聞きますと、「もちろん、剛健質樸《しつぼく》の精神をいっそう強めるためであります、と答えたさ。お前、知らなかったのか」と大いに馬鹿《ばか》にされました。

それだけではなく、いらい、中学生時代のわたくしにつけられたあだ名はゲンマイ。細長くて浅黒いご面相、色調といい形状といい玄米とよく似たり、なんだそうですけれども、ほんとうは、入学試験での口頭試問のムムムッからでたものなんです。なかには敬意をはらって『ゲンマイ和尚《おしよう》』とよぶ友もいました。

●「撃ちてし止《や》まむ」

昭和十八年四月一日入学で、わたくしはめでたく東京府立第七中学校の一年生（七月一日から都制が布《し》かれ、都立となる）になったわけですが、ここで少し話を戻します。中学進学のため行儀をよくしたり、口答試問のまねごとをしている間に、戦争のほうは日に日におかしくなっていました。そのことにちょっとふれておきます。

ガダルカナル島の戦いで敗北した日本軍はこの島から撤退、早くいえば逃げだしました。十八年二月九日、大本営がそのことを発表します。撤退ではなく、「転進」といいつくろって国民をだましますが、父なんかはたちまち見破っていたようです。

「うまくごまかそうたってそうはいかない。これはひどい負《ま》け戦《いく》さだったにちがいないぞ」

たしかに、これが大本営のつくウソのはじまりでした。後世になって、ウソをつくこと、これを大本営発表という、とわたくしたちは侮蔑《ぶべつ》することになるのです。

こうして戦いがひどく不利になるにつれて、日常の国民生活はますます窮屈になっていきます。まず休日を減らせという声があがりました。「決戦に休みなし」とか、「第一線の勇士のご苦労を考えろ」とか、さまざまな理由がならべられ、情報局からの要望が新聞や雑誌に載ります。

「一、四大祭をのぞく祭日はすべて出勤し、勤労の中に祭日の意義を生かすべし。

二、日曜休日を廃止し、十日、二十日、および毎月の最終日を休日とし、各五の日を半日勤務とすること」

これを受けて、わが中学もただちに、ということにはなりませんでしたね。休日返上は、官庁、銀行、会社などだけであったと思われます。

そして二月二十三日、国民をいっそう叱咤《しった》激励《げきれい》するために、忘れもしません、決戦標語つまりスローガンというものが陸軍から発表されました。口頭試問の予行演習のなかにもこれはでてきたものでした。

「撃ちてし止まむ」

この〝最後の最後まで戦いぬく〟という意味のスローガンを大きく掲げることによって、日本陸軍は不退転の決意を示し、国民に一億総突撃の精神を奮《ふる》い立《た》たせるための大運動を展開しよう、というのです。

これは『古事記』の神武《じんむ》天皇の御製とされている歌謡《かよう》からとられた言葉です。「……みつみつし　久米の子が　頭椎《くぶつつい》、石椎《いしつつい》もち、撃ちてし止まむ……」と、中学生になってすぐに暗記させられました。

陸軍はより徹底させるために、宮本三郎《みやもとさぶろう》画のポスター五万枚をつくり日本全国にくばります。東京の有楽町駅に近い日劇（現有楽町マリオン）の真正面に、百畳敷の大きさに引き伸ばされたその画が飾られ、東京市民はびっくり仰天《ぎょうてん》しました。

戦争中、「欲しがりません勝つまでは」とともに、これほどくり返しとなえられた標語がないことは、お年寄りならみんな知っていることでしょう。

三月になって、わが中学入学試験たけなわのころ、またまた国民をびっくりさせる指令が政府からだされました。〈野球用語の日本語化〉というもので、マスク＝面具、プロテクター＝胸あて、ストライク＝本球、ボール＝外球などです。ですからワン・ストライク、ツウ・ボールは、本球一、外球二となるわけです。バント・ヒット＝軟打《なんだ》、アウト＝倒退、セーフ＝占塁、これじゃわけわからんというので、アウトはアカン、セーフはヨシ、とあとから直されたといいます。

なぜ、こんな無茶苦茶なことが行われたのか。坊主憎けりゃ袈裟《けさ》まで憎い、というまことに日本人的なことわざがありますが、それを地でいったのが太平洋戦争下の日本人でありました。とにかく米英に関連するものを全部〝敵視〟したのです。野球用語だけではなく、雑誌の名まで禁じられました。「サンデー毎日」は「週刊毎日」、「オール読物」が「読物雑誌」などなど。

さらにそののちになればなるほど、英語排斥《はいせき》は徹底化されていきます。いまから考えるともうコッケイとしかいいようのないほど、あれも変えろ、これも変えろとなるのです。パーマネントは電髪、イルミネーションが電飾、自動車のハンドルが方向転把《てんぱ》、プ

宮本三郎の描いた決戦標語ポスター
（『決定版昭和史』第 11 巻、毎日新聞社）

ラットホームが乗車廊。そうです、野球という言葉は明治の時代からありましたが、ほかの競技も、ラグビーは闘技、スキーは雪艇《せってい》、スケートは氷艇となりました。

いやいや、音楽にもすさまじいほどの圧力がかかりました。「敵性国家に関係ある楽曲一〇〇〇曲をえらびこの演奏、紹介、レコード販売を禁止する」というので、ジャズやブルースはすべてアカンとなりました。おかげで日本の音楽は、単調で勇ましいだけの軍国歌謡ばかりに……。わたくしがいまもクラシックにまったく無縁な男であるのはそのためで、音痴《おんち》のためにはあらず、なんです。

いまになると、想像もできないほど、勝つためにあれもダメ、これも禁止と、ピリピリとしはじめたときに、わたくしは中学生になったわけです。そこで入学するや否や、「頭《かしら》ァ右ッ」「歩調をとれェッ」の軍事教練でギシギシと鍛えられたのは当然でありました。悲鳴をあげるなんて「非国民」もいいところであったのです。

そういえば、合格祝いに浅草につれていかれて観《み》せられた珍妙なる映画の記憶がありますす。「敵機来襲」という戦意高揚映画の一つで、ストーリーなんかすべて忘れましたが、おしまいでアメリカの爆撃機による東京大空襲がありました。しかし、登場人物が総がかりで、火《ひ》叩《たた》きやバケツリレーでたちまちに火を消してしまって、バンザイバンザイとなります。要するに空襲なんかこわくないというわけですが、外へ出て父が、

「あんなにうまく消せるなら、戦争なんてチョロイんだがな」

と、わたくしにいいきかせるつもりでもなく、ポツンといったのがいまも思いだされます。でも、わたくしはオヤジは間違っている、消そうと思えば絶対に消せるんだと思いました。それからほぼ二年たったとき、東京大空襲で、焼夷弾《しょういだん》は消せるどころではなく、わが家は丸焼け、住んでいた街は満目蕭条《まんもくしょうじょう》たる焼野原となったのです。

●山本五十六《やまもといそろく》長官の戦死

さらに日本国民をまさかと驚かせる事件が起こりました。真珠湾《しんじゅわん》攻撃の大戦果でだれもがその名を知った連合艦隊司令長官の山本五十六大将が、最前線で戦死したという知らせでした。実際は四月十八日に亡くなったのですが、国民に知らされたのは五月二十一日、軍部も政府も、国民に与えるショックの大きさを恐れたのでしょう。

笑い話がひとつあります。発表の日には両国で夏場所大相撲《おおずもう》の真っ最中でした。幕内

の取組みで力士が二人、土俵の上で組んだまま動きませんでした。水が入って取り直したのですが、また動かない。二番後取直しでまた取っ組んだのですが動かなくて水、やむなく引き分けということになります。ところが世論が、何だ、だらしないと引き分けを認めません。それで相撲協会が「山本閣下が戦死された日であるというのに、敢闘精神が足らない」と二力士を叱《しか》りつけ休場を命じます。これに力士会長の双葉山《ふたばやま》が「土俵で動かないように見えても、両力士は全力をふりしぼっている。それをひどい処置ではないですか」と抗議し、また二日後に両力士はあらためて取り組んで勝負をつけさせられました。それくらい国民には山本長官の戦死はショックだったのです。

その山本の戦死発表の直後の五月二十九日、北のほうのアッツ島で守備隊全員が最後の突撃をして、はなばなしく玉砕しました。「玉砕」という言葉がはじめて新聞に出たときです。中学では先生が「瓦全《がぜん》より玉砕」——カワラとなって無事よりも、玉となって砕けるほうがいさぎよい——という言葉を教えてくれました。いざとなったら君たちも、いいか、玉砕する覚悟を固めるんだぞ、とそのあとにお説教がつきましたが。

こうして、「山本五十六の戦死」「アッツ島の玉砕」の二つが象徴するように、日本は

山本五十六の国葬（昭和18年6月5日）

もう全面的に敗北につぐ敗北がはじまったのです。いきおい世の中全体が殺気だっていきます。ピリピリとしてきました。とにかく何があろうと勝利の日まで「撃ちてし止まむ」です。中学校にも軍部からの強い軍隊への勧誘のポスターなどが貼りだされます。「愛国の熱血少年よ、来たれ」と大きく呼びかけて、

「▽少年飛行兵（満十四歳から十九歳未満）

▽少年戦車兵、通信兵、砲兵、防空兵（満十四歳から十八歳未満）

▽少年兵技兵（満十四歳から二十歳未満）

願書締切は六月三十日」

と、さかんにあおり立てるのです。

海軍も負けていません。飛行予科練習生の募集です。いわゆる予科練で、昭和十七年から制服もそれまでの水兵服ではなく、七つボタンの詰《つ》め襟《えり》のカッコいいものに変えられていました。そして「若い血潮の予科練の　七つボタンは桜に錨《いかり》　今日も飛ぶ飛ぶ霞《かすみ》ケ浦《がうら》に……」とリズミカルな「予科練の歌」も大流行です。

わが中学同級生のなかには、がぜん目を輝かす「愛国の熱血少年」が多くなりました。いまこそ、天皇陛下のため、国のため、山本元帥につづけ、アッツ島の兵隊さんにつづけ、と大いに力み返るのです。まだ満十三歳だから来年こそは、というわけです。

ところがわたくしは、よほど「非国民」的に生まれていたのかもしれません。それに小学生時代から近眼で軍隊には向かないダメな男であるといわれてきましたし、さらにわが父の日ごろの薫陶もありました。

「いいか、坊ッ、総大将が戦死したり、守備隊が全滅したり、この戦争にはもはや勝ちはない。それは歴史が証明していることなんだぞ」

ほかの大人とはいささか違うことをいう父に、ときに反発しましたが、この言葉には同感しました。少年講談や歴史物語を読んでのわがちっぽけな知識でも、たとえば日本の戦国時代の合戦で、総大将が戦死したりしてエイエイオーッとトキの声をあげた例は一つもありません。司令長官山本五十六の戦死から、それくらいのことは、わたくしにも理解できたからでした。この戦争はひどい結果になるのではないかと。

●手旗信号とモールス信号

戦況がこんな風におかしくなってくると、学校の授業もぐんぐん軍国化していきます。しかも、わが府立七中という学校は、前にもちょっと書いたように、それでなくとも軍国主義的教育にすこぶる熱心なところであったと思います。多くの教師たちは生徒を心身ともに鍛えることにやたらと頑張っていたのです。遊ぶことがただただ好きな悪ガキ育ちには「参った参った」の毎日となりました。もちろん、学問を教えるのに情熱を傾けている先生も少なからずいましたが、基本的には校長の方針でもあったのでしょうか、軍事教練の授業が週の時間割のなかにやたらと多くくみ込まれていました。

この「教練」とよばれる兵隊がやらされるような軍事訓練のそもそもは、大正十四年（一九二五）の軍縮政策によってうまれた職業軍人の失業を防ぐために考えだされた苦肉の策、であったらしいのです。文部省の訓令にはこうあります。

「学校生徒の心身を鍛練し、国体的観念を涵養《かんよう》し、以《もっ》て国民の中堅たるべきものの資質を向上し、あわせて国防能力を増進するにあり」

要は、将来の陸軍軍人の予備軍を中学生のころから大量に養成しておこう、という目的であるわけです。それで全国の中・高・大学へ「配属将校」という名目で、失業軍人が送りこまれました。昭和になって日中戦争がはじまると、当然のことのようにこの授業が強化されます。わたくしが中学生となったころは、戦況は日ましに不利となっていましたから、いっそう教練は緊急の科目として重要視されていきます。

小学生時代をごく気楽な悪ガキですごしてきましたから、剣道や柔道のほかに銃剣道が加わり、威風堂々、隊伍《たいご》とととのえ足並みそろえて、ダッダッダッダッと進む分列行進の猛訓練、さらに手旗信号やらモールス信号の訓練やら、びしびしと鍛えられて、オレは「国民の中堅」にならなくていいや、とさっそくわたくしは悲鳴をあげました。

真夏の太陽に溶けてしまわんばかりのアスファルトの道を、あるいは北風が鉄板のようにカンカンに凍らせた道を、毎週一回、水曜日の午後、遠く葛飾《かつしか》区の柴又《しばまた》から向島まで全校マラソンを競わせられるのは、ほんとうにたまったものではありませんでした。でも落伍《らくご》してたまるかと歯をくいしばって走りました。負け惜しみの強いのは下町ッ子の特性かもしれません。

そして、その午後に雨が降るとマラソンは中止、やれやれ休めると思ったら大間違いで、手旗信号やらモールス信号の猛訓練です。ひと息もつけさせてくれません。頑張るほかはありません。

しかし、本音をいえといわれれば、英語や代数をもっと勉強したいと答えたと思います。考えてみると、大して成績がよかったわけではない、それがこんなことをいう。やっぱりいいカッコしていることになりますね。

あれからもう六十有余年もたって、いまさら怒りをあらわにしてもはじまりません。が、われら昭和一ケタの前半に生まれたものは、記憶力のいちばんいいときに「頭《かしら》ァ右!」や「捧《ささ》げ銃《つつ》!」や「分隊、進め!」ばかりやっていて、いろいろなことの基礎的な知識や常識を身につけることが、まことにまことに少なかったと思います。

かわりに、たしかなものとして身につけたのは、「一つ、軍人は忠節を尽すを本分とすべし。一つ、軍人は礼儀を正しくすべし……」の『軍人勅諭』の五カ条であり、敵戦車に体当りするための爆弾を胸に抱いて両ひじをテコにしてジリジリ進む匍匐《ほふく》前進のやり方であり、イロハニホヘト……と、白と赤の旗をもって両手を大きく振って空中に字を画く手旗信号でありました。いまでも散歩しながら手旗信号を、自然にやっています。これがいい体操のかわりになるのですね。

モールス信号のことも爺《じい》さんになっても記憶からぬけ落ちていません。イは伊藤（・―《トツウ》）、ロは路上歩行（・―・―《トツウトツウ》）、ハはハーモニカ（―・・・《ツートトト》）……と覚えたものです。「―・・・《ツートトト》　・・《トト》　・―・・《トツウトト》　・――《トツーツー》　・―・―《トツウトツウ》」、これは「バカヤロ」と訳すんです。敬礼の仕方が悪いと、配属将校からビンタをしたたか食ったあとなんか、口には出しませんでしたが、腹の中で「ツー・トトト　トト　トツウトト……」とひそかに叫んだりしたものでした。

そういえば、さっきの『軍人勅諭』なんかも、「一つ、忠節をつくす」ではなく、「一つ、中学生は要領よくやるを本分とすべし」なんて大声でやって、さも真面目《まじめ》に勉強しているふりをして、大いに溜飲《りゅういん》をさげたものでした。

右手に赤旗、左手に白旗をもって行う手旗信号

わが仲間の中学生みんながそうであったとはいいません。なかには少年飛行兵になろうと、予科練の七つボタンを着ようと、さらには試験のむつかしい陸軍幼年学校に進もうと、一所懸命に勉強しているマジメな生徒もおりました。わたくしはそんな努力をしているクラスメイトを、むしろ「エライやっちゃ」と感心していたのでした。

●毒殺された動物たち

なにかせっかく入学した府立七中の悪口をいってているばかりになりましたが、忘れてはいけないいいこともありました。外では敵性英語の廃止が叫ばれているなかで、わが中学では奇妙なくらい、といっていいほど、英語の授業が時間を減らすこともなく従来どおりつづけられていました。それに英語担当の先生が非常に熱心な、教え方も上手な、秀《すぐ》れた方でした。これは嬉《うれ》しかった。中学に入ったことの喜びは、いま思うとこの先生から英語をみっちり仕込まれたことにあるような気がします。

あれほど軍国主義教育に熱をあげていたのに、これはどういうことなのかな、といまでも不思議でなりません。のちになって、オレの学校では英語授業の時間は無茶苦茶に減らされたよ、と語るよその中学校での話をしばしば耳にしました。ヘエー、中学によって授業の中身もやり方も違ったんだ、と思いつつも、わが中学では、校長の方針に英語担当の先生たちが反逆して、それで特別に減らすこともなく、とも考えられません。

つまりは文部省がつぎつぎに出す急激な教育方針の変更に、それぞれの学校が臨機応変に、それぞれ勝手な時間表を組んでいたのでしょうか。戦時下の中学生の幸不幸は自分では選べません。戦争がすべてを左右しています。すべてが撃ちてし止まむです。何事も戦争に勝ってからです。不平不満をもらしている余地はなかったのです。

永井荷風《ながいかふう》という作家が毎日記している日記、この年最後の日にこうあります。

「……今は勝敗を問わず唯《ただ》一日も早く戦争の終了をまつのみなり。然《しか》れども余（私が）窃《せつ》に思うに戦争終結を告ぐるに至る時は、今より猶甚《なおはなはだ》しく横暴残忍なるべし。今日の軍人政府の為《な》すところは秦《しん》の始皇《しこう》の政治に似たり。……」（十二月三十一日）

秦の始皇とは、悪辣《あくらつ》で残虐なこと世界史でも珍しいといわれている中国の始皇帝のこと。日本のいまの政治はそれとそっくりである、と荷風さんは嘆いているわけです。

しかし、それもこれも、戦争に勝つために、です。ほかにありません。そのためには何をやろうと許される。いまは想像もできないほど、戦時下とはものすごく狂暴な時代であったのです。

無慈悲で残虐といえば、空襲があって檻《おり》が破られる万一のときに備えて、各動物園の猛獣たちを殺してしまうことになったのもこの年です。それが残虐なこととだれも思わなかったのではないでしょうか。軍部の「動物園非常処置要綱」によって、このことが実行されました。各動物園では連日、閉園後に硝酸《しょうさん》ストリキニーネによる動物の毒殺がはじめられました。

われら中学生の耳にもその噂《うわさ》が入ってきたので、上野動物園に何人かで行ってみましたが、それらしい様子はまったくなく、やっぱりデマだったとすっかり納得して帰ってきた覚えがあります。しかし、それは早トチリもいいところでした。

クマ、ライオン、トラ、ヒョウ、象など、二十七種類の動物がたしかに毒殺されたのです。上野動物園ではライオン三頭、ヒョウ四頭、トラ一頭、そして象三頭……。

象のジョン、トンキー、ワンリーは、毒入りのえさを何とあやそうと食べようとはせず、飢えて骨と皮になって死んだといいます。

九月四日、当時は一般のものが知りうべくもありませんが、慰霊碑前で、これら「時局に殉じた」動物たちの法要がしめやかに営まれ、時局捨身動物と記した碑が新しくたてられたといいます。しかし、動物たちは自分たちの意志で戦争のために身を捨てたのではありません。殺されたのです。はたして虐殺された彼らは人間の勝手さ横暴さを許してくれたでしょうか。そんなことはありません。

それともう一つ、十二月十日に文部省が小学校下級生すなわち学童たちの「縁故疎開」を大いに進めることを決めたということは、なぜかハッキリ想いだせます。空襲はやがて必至となる、そこで標的となる都市の学童や子供たちが、田舎にいる親類縁者をたよってそこに住む。安全のために、といいますが、いざというときの足手まといになるから、という理由のあったこともたしかです。

わたくしの、十歳以上も齢《とし》の違う弟や妹がその対象となるわけです。しかし、満十四歳のわたくしはその学童の仲間には入りません。立派な少国民なのです。わが父と母とがいい争っていたことをしっかりと記憶しています。

「親と子が離れ離れになることなんて、ゼッタイに反対です」

「じゃあ、みんな一緒にくたばればいいということか」

「いいじゃありませんか。みんな一緒に死ねるなんて、すばらしいことです」

「バカをいうな、子供たちにそんな覚悟はない。また、死なしてなるもんか」

「じゃあ、一利《かずとし》だけはその覚悟があるというのですか」

「………」

父は黙ってしまいました。わたくしも黙ってそれを聞いているだけでした。

●秋雨の中の「学徒出陣」

そんな両親の議論なんかと関係なく、覚悟を固める固めないとかいっている暇もないほどに、国情はせっぱつまっていました。ときの東条英機《とうじようひでき》内閣は国家政策を情勢に流されるようにしてつぎつぎに変更してきました。

六月に閣議は、「学徒戦時動員体制確立要綱」というものを決定します。長文のものですが、要するに、大学・高専・中学三年生以上のものをいざとなれば緊急に動員して、国防能力増強の役に立てる、あるいは直接的に国土防衛のために戦わせる、というものです。女子学徒には看護などの訓練を強化して必要に際し戦時救護に従事せしめる。すべて天皇陛下への忠誠の証《あか》しである、というわけなのです。

さらに九月二十二日、「国内態勢強化方策」を公布し、理工系をのぞく大学生の徴兵猶予を廃止します。これによって、二十歳に達した男子なら、大学や専門学校で勉強中であろうが、法文科系ならば強制的に軍隊に引っぱることができるようになりました。これが「学徒出陣」とよばれるものです。

わたくしたち中学一年生はほんとうは関係ないことなのですが、その影響もあって、上級生たちのいっそうきびしくなった訓練につき合わされました。それが夜行軍《やこうぐん》というものでした。高尾にある大正天皇御陵の前に午後五時半に集合し、六時から全校生徒がいっせいに歩きはじめるのです。夜をとおして、甲州街道を歩きに歩いて、翌朝午前六時に明治神宮に達して、そこで解散となる。いまになっても、あの夜の眠くて眠くて、半分眠りながら歩いたことは忘れることができません。

まん丸な月を、どこかの学校の校庭に小休止でゴロリと横になって、サツマイモを食べながら、わあ、きれいだなあ、と仰ぎみた記憶がありますから十月ごろでもあったでしょうか。絵画でヨーロッパ人や中国人は月を銀色に描くのに、日本人は黄色にぬる。面白い違いだと思いますが、あの夜の記憶にある月の色は、たしかに黄色くみえました。とにかくこの夜がよく晴れていたので助かりました。もし雨が降っていたら、これはもう目もあてられなかったと思います。

雨といえば、十月二十一日、明治神宮外苑で雨中の「出陣学徒壮行会」が挙行されたことは、当時の実写映画がいまもときどきテレビなどで上映されるので、多くの人の知るところとなっています。大学生二万五千人が鉄砲をかついで土砂《どしゃぶ》降りの雨の中を、全身びしょびしょに濡《ぬ》れながら分列行進をしました。スタンドには六万五千人の後輩や女子学生が見送りに集まっていました。

そこで総理大臣の東条大将が壮行の辞を高らかに述べました。

「諸君はその燃え上がる魂、その若き肉体、清新なる血潮、すべてこれ御国《みくに》の大御宝《おおみたから》なのである。このいっさいを大君《おおきみ》の御為《おんため》に捧げたてまつるのは、皇国に生を享《う》けたる諸君の進むべきただ一つの道である」

岡部《おかべ》長景《ながかげ》文部大臣も、送別の辞を黄色い声を張りあげて述べます。

明治神宮外苑での「出陣学徒壮行会」
（昭和 18 年 10 月 21 日）

「諸子の心魂には、三千年来の皇国の貴《たっと》き伝統の血潮が満ちあふれている」

そして、はなむけの歌を一首、

　海ゆかむ山また空にゆかむとの
　　若人のかどでををしくもあるか

なぜ、この下手くそな歌をわたくしが覚えているのかといえば、かの熱血愛国教師がやたらと教室で朗詠して、君たちも「雄々《をを》しくならなくてはいかん」と説教を垂《た》れたからなのです。

それはともかくとして、こうして指導者からほめあげられ激励されて出陣した多くの大学生たちは、往《ゆ》きて還《かえ》らず、空《むな》しく消えていったのです。若ものたちが君たちこそ国の宝だとおだてられ、もちあげられるときは、国のリーダーたちが何事が企《たくら》んでいるときで、「今どきの若いものは」と、若ものの値段が安いときほど平和なのであるな、とつくづくいまは思うわけです。

とにかく「学徒は戦士たれ」と、大学生たちはどんどん戦場に送られていきます。つぎは中学生の番だ、とわたくしたちも覚悟をきめた、と書ければ、まことにカッコウいいのですが、まだそこまではキリキリしていなかったと思います。この年の戦争は一種の小休止というか、大きな戦闘はありません。それでもいたるところで強大となったアメリカ軍の攻勢のもと、日本軍はジリジリと後退に後退を重ねつつ、昭和十八年は暮れていったのです。でも私たち中学生の生活はまだかなり呑気《のんき》なものであったのです。

第三章　鬼畜米英と防空壕《ぼうくうごう》＝昭和十九年

●殺気立つ教師たち

昭和十九年になって、日本軍の敗色はますます濃くなっていきます。南方の戦線では、D・マッカーサー大将を総指揮官として、フィリピン諸島攻略をめざすアメリカ陸軍の攻撃がいよいよ猛威をふるっています。いっぽう太平洋の島々に攻撃をしかけてきたのは、C・ニミッツ大将を総指揮官とするアメリカ海軍です。ほぼ一カ年かけて新たに建造され、充分に整備された航空母艦を主力に大機動部隊が編成されて、昭和十八年の暮れも押しつまってからいよいよ総攻撃を開始してきたのです。

とにかくこの米機動部隊はものすごく強力な部隊でした。四つの機動群に各四隻ずつ、計十六隻の新鋭空母に搭載された飛行機が一挙に襲いかかってくるのです。千機を超える攻撃機なんです。

日本軍は南方のソロモン諸島の島づたいに北上するマッカーサー軍と、太平洋をわがもの顔に飛び回るニミッツ軍との、きびしい両面作戦を強いられたのです。二本の矢です。両方とも目的地はフィリピンなのです。フィリピンを占領すれば、そこを大根拠地にして台湾、沖縄そして日本本土を目指すことができる、一大攻撃作戦というわけです。日本軍はこれにたいして強力な反撃を加えることができず、南方の島々でも、太平洋の島々でも、玉砕そしてまた玉砕という悲惨がつづきました。

しかし、大本営も政府も事実を国民に知らせることなく、軍艦マーチを高鳴らしての強がりをいい張っていました。たとえば情報局総裁の年頭の辞が新聞に載ります。

「戦争とは意志と意志、戦意と戦意との戦いである。世界の列強も、すでに国力をあげて戦うこと数年、それぞれ疲労困憊《こんぱい》して一日も早く戦争をやめたいというのが実情であろうから、ここでもう一押し、押し切った方が、最後の勝利を獲得するのである」

なにやら熱心に新聞を読んでいたわが父は、突然、それを放《ほう》り投げてこういいました。

「その押し切る力が、ロクに食うものもなくちゃ出やしないじゃないか」

ほんとうです。毎日の生活からはあれよあれよという間に何もかも消えていきました。配給も遅配・欠配が多くなりました。白米なんか久しくお目にかかったことがありません。ですから、白米の御飯は「銀めし」とよんで、珍重されました。毎晩、わがアダ名なる玄米を一升瓶に入れて、せっせと棒で突っつき、自家製の精米機の仕事をするのがわたくしの日課となりました。

お米の代用食に豆カスが配給になったこともあります。大豆から油をしぼりとったカスですから、もともとは肥料用、飼料用であったのですが、いまや人間様の主食なのです。フライパンでカラ炒《い》りして、醬油《しょうゆ》をたらして食べる。まずくて食えないなんていってはおられません。

朝めし抜きで腹っぺらしのままで登校しているのに、毎朝の朝礼での校長の訓話の長いことといったら、いま想《おも》い出《だ》しても腹が立ちます。つまらない、ほとんど理解不能な話を、とにかく熱心に聴いているふりをする、それこそ修練そのものでした。聴いても聴かなくともどうということはない話なのですが、それでも校長が「かしこくも」とか、「恐れ多くも」とか、「洩《も》れうけたまわりますところによれば」とかいったとたんに、間髪を入れずに気をつけの姿勢をとらなければなりません。この不動の姿勢は空きっ腹にほんとうにこたえました。しかし、「天皇陛下は……」という言葉を聴く前にそうしなかったならば、あとでカンカンになった軍国教師にシャベルで思いきり尻《しり》をぶったたかれるのです。

学校全体がどことなく殺気立っている感じなのです。それというのも、この年の一月の閣議決定で「緊急学徒勤労動員方策要綱」が決定、そしてやがて公表され、中学校の生徒も戦力増強に役立たせることになったからです。中学生もボヤボヤしてはいられなくなりました。さらに二月には、「決戦非常措置要綱」が閣議決定されるというあわただしさになりました。

結果として、春ごろから、中等学校以上の学徒は「すべて今後一年、常時これを勤労その他非常任務にも出動」させる、という通達が中学校にとどけられます。そこには、「学校校舎は必要に応じ、これを軍需工場化し」なんて重大なことがアッケラカンと記されているのです。こんな具合でしたから、学校側がやたらにハッスルしだしたのも当然であったのかもしれません。

つまり、一億一心のかけ声のもとに、老若男女、日本人たるものはすべて戦士になったのです。銃後もまた戦場というわけです。いつ動員がかかってもおかしくはないし、いつ死ぬことがあってもおかしくはない情勢になったのです。

●「お兄ちゃん、サヨナラ」

中学校ばかりではありません、世の中全体もガタガタしはじめます。戦争が一人ひとりの家の中にまで強引に入ってきたのです。すでにふれたように、学童は縁故疎開をするようにとの勧告がでていましたが、これがさらに広げられました。前年の十二月二十一日に「都市疎開実施要綱」と「改正防空法」が制定されており、年が明けてこの年の一月二十六日になると、いよいよ正式に第一次疎開命令が発せられました。学童だけでなく、もっと幼い児童の疎開も加わっています。地方に縁者のいない東京生まれの東京っ子たちも、集団となって地方に疎開させられる、そうきめられたわけです。が、いくらなんでもまだ遠い先の話であろうと多くの人はタカをくくっていました。

当局は、これではいかん、なんとか学童を地方に疎開させねばならないと、もうヤッキになりました。三月三日の閣議決定「一般疎開促進要綱」はかなり強制的な力をもつことになります。小学校にもお達しがとどき、また警防団員をはじめ軍国おじさんたちは自分たちの国策協力の成績をあげようと、一般家庭にまで押しかけ、それはそれは説得に力を大いに発揮しだします。

記録によれば、それでも四月一日現在で、東京都では疎開した児童は約七万七千人、ということでした。

そういえば、ほんとうの理由は紙の生産どころではなかったからなのですが、朝日新聞に昭和十一年いらいずっと連載されていた横山隆一《よこやまりゅういち》作の長篇《ちょうへん》四コマ漫画「フクチャン」が休載となったのが、この年の三月四日のことでした。このたびフクチャンが疎開することになったから、という挨拶《あいさつ》がつけられていました。

わが家では、弟（五歳）、妹（三歳）、弟（一歳）に母の四人が、母の里である茨城県《いばらき》下妻市《しもつま》の近くに疎開することになりました。東京都民のなかではかなり早いほうであったかと思います。とくにわが家が国策に協力的であったわけではなく、例によってわが父の先見の明といいますか、早めのアキラメによるものでした。

「もう敵は間違いなくマリアナ諸島にくる。マリアナを奪《と》られれば東京が空襲されることは必至となる。住めるところがあるのだから、さっさと東京から離れていたほうがい

横山隆一「フクチャン」の休載前最終回

（昭和19年3月4日、朝日新聞）

い」

それはまだ春さきの寒い朝だった、と記憶しています。荷物もかなり乗せたトラックの荷台にうずくまった弟妹たちは、まるで遊園地かどこかへいくような楽しそうな顔で、

「お兄ちゃん、サヨナラ」

と手を振って去っていきました。母だけが心細そうに最後までわたくしから眼《め》をはなそうとはしませんでした。

永遠《とわ》の別れとなるわけではないから、とくに悲壮感なんかありませんでしたが、あとから考えれば、それは危うく永《なが》の別れとなるような、サヨナラであったわけです。やがてふれることになりますが、東京大空襲で、わたくしがもうちょっとのところで死ぬような体験をしたのは、それからほぼ一年後であったからです。一寸先は闇《やみ》といいますが、人間は、まったく先のことはわからないものなのですね。

こうして東京の家には父とわたくしと、二年前から働いているお手伝いの雪江《ゆきえ》さんという女性が残りました。この雪江さんが食事や洗濯の面倒をみてくれたわけです。

ちなみに、もう少し疎開ばなしをつづけますと、六月三十日にはいよいよ「学童疎開

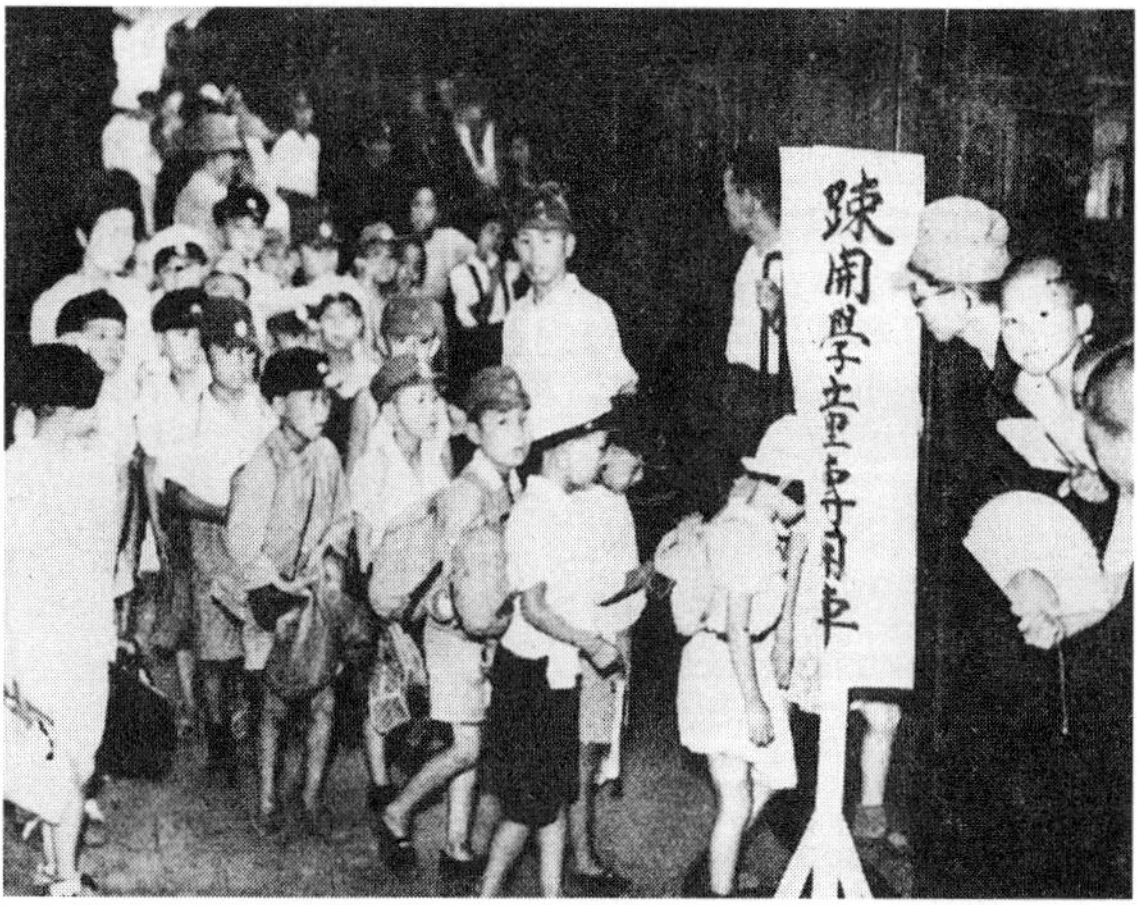

学童集団疎開の第一陣の上野駅出発（昭和 19 年 8 月 4 日）

促進要綱」がだされ、この政策は決定的になります。東京都と大阪《おおさか》市の国民学校三年生以上六年生までの児童で、縁故疎開ができないものを、残らず集団疎開させることが本格的にきまります。東京都の場合は、その対象となる学童は二十万人。これらを関東地方や東北地方の各県、およびその近接県に送りだす。旅館や寺院などが指定をうけました。もういずこも半ば強制的です。ウムをいわせません。こうして集団疎開の第一陣が出発したのは八月四日で、九月二十四日までに完了しました。親と子の別れがつらいとか寂しいとかいっている余地はありませんでした。

ついでに書くと、「改正防空法」にもとづいて、東京の「建物疎開」も実施されはじめました。来たるべき空襲対策のために家の建てこんだところに大きな道をつくる、そのために指定された二本線の内側に入る家屋は、強制的に住民を追いだして、すべての建物はぶち壊してしまう。秦《しん》の始《し》皇帝《こうてい》だって、エッ、そこまでやるのか、と恐れ入るような断々乎《だんだんこ》たる処理なんです。

母と弟妹がいなくなって、より広々としたわが家から中学校へ通う途中で、ガラガラ、ガラガラと強引にひき倒されている建物群をいたるところに見ました。そこはしばらくは瓦礫《がれき》のまま放っておかれて、部分的に近所の残った家の人々が路上菜園などをつくり、やがてちょっぴり青いものが芽生えていましたが、空襲でやられたらこんな風になるのかなと、うたた荒涼たる感じを早くも与えてくれました。

●「焼夷弾《しょういだん》の退治法」

政府が本格的に学童疎開に乗りだしたのが六月三十日と前にふれましたが、それは戦局がいよいよせっぱつまり、如何《いかん》ともできないところにきたことを意味しています。

すなわち、アメリカの大機動部隊がマリアナ諸島のサイパン島に襲いかかってきたのが六月十五日。米海兵隊が大軍をもって上陸開始、これを日本の陸海の守備部隊が迎え撃ちます。「サイパン防衛は完璧《かんぺき》」と東条《とうじょう》首相兼参謀総長は豪語していましたが、完璧どころかたちまちに「戦い利あらず」となり、日本の連合艦隊も全兵力を結集して出動、米機動部隊に決戦を挑みますが、これも惨憺《さんたん》たる敗北を喫しました。

サイパン島を奪られれば、すでに完成されていると予想されている超大型爆撃機B29をそこへもってきて、日本本土への空襲を敢行することは必至です。本土の各都市が標的となり爆撃される事態になったら、戦争にもう日本の勝利のないことは決定的になる。そこで、日本軍はほんとうに最善をつくしましたが絶望、と判断されたのが六月二十四日——というわけで、六月三十日の学童疎開をどんな困難があろうと実施せよ、となったわけです。それまでのどこか呑気《のんき》なところのあった平穏さはまったく失われ、いっぺんに、そう、日本中がキリキリ舞いの悲鳴をあげはじめたという感じなのです。

「敵はもうわが大日本帝国の玄関にまで押しよせてきたんや」

と中学の軍国教師が絶叫をあげました。そしてそんな重大なときに、お前の敬礼の仕方はたるんでおる、とまたしても尻にシャベルの連打です。腫《は》れあがって椅子《いす》に坐《すわ》ることもできず、教室では大そう難儀な想いをしましたが、そのころ先生というものはゼッタイ的存在です。先生のなさることに間違いはない、尻を腫らしたのはお前が悪い、自業自得だ、と親からも叱《しか》られる時代であったのです。戦争はだれをも狂気にするものだとつくづく思います。

サイパン島は陥落しました。つづいてグァム島もテニアン島も。守備していた日本軍が玉砕して戦闘は終わります。もうB29の日本本土空襲は自明の理。問題はそれがいつやってくるかです。そのわずか、と思われる時間的余裕を有効に使って、防空＝空襲対策がいろいろと上から指示されてきました。

いまも残されている当時の資料をみると、つい吹きだしたくなるようなものもありますが、当時は真剣にその指示を守ったものでした。以下に、そのいくつかを。

「防空服装」

〈鉄兜《てつかぶと》〉空襲時には頭部負傷が最も多いから男ばかりでなく女も必要である。

〈頭巾《ずきん》〉婦人の毛髪は燃え易《やす》いから特に注意し、丈夫な布でできるだけ部厚くする。

〈筒袖上衣《つつそでうわぎ》・モンペ〉比較的軽装でよいが服装はすべてを通じ火災、毒ガス等予防のため丈夫な布で作り、できるだけ露出部を少なくする。

〈脚絆《きゃはん》〉これは女にも着用させたい。

〈足がため〉厳重にする。靴などは屋根の上で滑り易いから縄で滑り止めをしておく。

〈その他〉手袋、防毒面、認識票（住所、隣組、姓名、年齢、血液型等を記載した布片を着用、衣類、持物の個々のすべてに縫いつけておく）、水筒、呼子笛。非常袋（各自用）」

ここにでてくる脚絆とはゲートルのことで、中学生はみんなこれを巻いていました。

「**防空用資材**

㋑水（長文なので略）
㋺砂か土、五十リットル以上、掬《すく》って投げる分と、袋に入れて投げつける分（一升くらいずつ布か袋に入れる）、数個に分けておく。
㋩筵《むしろ》、叺《かます》の類、数枚。
㋥注水用バケツか手桶《ておけ》。

㋭火《ひ》叩《たた》き。
㋬鳶口《とびぐち》（なければ長棒）
㋣水柄杓《ひしゃく》」

火叩き、鳶口、バケツ、これで焼夷弾を消せるからと、うるさいくらいに教えられたのですが、実際はとてもとても……。

「**警報伝達一覧**

〈警戒警報〉サイレンは三分間ポー、これを連続する。警鐘はカン、カンカンと一点と二点の連打をくり返す。

〈空襲警報〉サイレンはポーと四秒、八秒の間をおいてまたポーと四秒、これをくり返す。警鐘はカン　カンカンカンと一点と四点連打をくり返す」

わが家が焼けた三月十日の夜、たしかに消防署の火の見櫓《やぐら》から、カン　カンカンカンカンと一点・四点の連打がくり返されたのを覚えています。

「**焼夷弾の退治法**

○エレクトロン…破裂の瞬間、煌々《こうこう》たる白銀の光を放ち、一面に火沫《ひまつ》を飛ばす。弾体へ濡《ぬ》れ筵数枚をかぶせ、上からどんどん水を浴びせる。
○油脂…真っ赤な焔《ほのお》と三〜五メートルに及ぶ黒煙を上げる。これを消すには、弾体に砂、泥をかけ、その上から濡れ筵をかぶせる。少量の水をかけると却《かえ》って拡《ひろ》がって危険だ。隣組防火群は、水は使わぬがよい。
○黄燐《おうりん》…落ちた時大きな爆音がし、濛々《もうもう》たる白煙をあげ無数の燐片を飛散させ、百メートルに達することがある。退治法は大たい油脂と同様だが、火力は前二者に比していささか弱いが、破壊力が強大で、爆風、弾片の危険もある」

いま、こうやって写しながら、あらためて、焼夷弾を退治することなんかとうていできないことであった、と痛感しています。しかし、当時は、ナニクソ、消そうと思えば消せるんだと確信していたわけですから、いやはや、この中学二年生はなんと頭の悪いやつであったことよ、と思うばかりなのです。

●ブァーンとゴァーンと

この頭の悪い中学生どもを鍛えるために、中学校での軍事教練はいよいよますます凄《すご》味《み》をましてきました。鉄拳《てっけん》制裁やビンタなどはもう日常茶飯事、といえるくらいはげしくなります。「頭ァ右ッ」「左向けェ左ッ、前へ進めッ」の分列行進は、やがてダ、ダ、ダと、足並みがきちんとそろって、配属将校から「おおむね良好」の褒め言葉をもらうくらい上達しました。

秋のゆるい陽《ひ》を浴びながら、モールス信号の実地試験も行われました。二年生の三百名全員の一人ひとりが前後左右かなり広い間隔をおいてひろがって、校庭にあぐらをかいて坐ります。軍靴をはきゲートルをつけたままですから、両脚がぐりぐりと痛みしびれますが、少国民たるものは我慢しなければなりません。

朝礼台の上でプロの兵隊さんが無線機のキーをたたいで、・《ト》・《ト》・《ト》―《ツウ》・《ト》（開始するの符号です。ハ・ジ・メ・マー・クと覚えました）と電信を打ちはじめます。本職の信号員ですから打ち方の早いこと。それを正しく聞きとって答えを書くわけです。

ガキのころから音痴といわれてきたわたくしが正答をだせるわけがありません。はじまって二字か三字でもうダウン。あとは呆然《ぼうぜん》としながらプロのお手並みを眺めておりましたが、三百人中で十数名が全部正確に聞きとったようでした。これをわかりやすく漢

字まじりで書くと、

「アテヨイカヌ見ゆとの警報に接し、ノレツハカイ直ちにヨシス。これをワケフウメルせんとす」

となる文章でありました。実は全文が片カナで打たれるわけですから、せっかく正しく聞きとっても何のことやら中学生にはわかりません。ですから「アテヨイカヌミユ」あたりで降参したのがほとんどであったらしい。わたくしは「アテヨ」でもうあとはチンプンカンプン、情けないことでありました。

あとで説明があり、これは日露戦争のときの日本海海戦の直前に、実際に打たれた暗号電報であり、「アテヨイカヌ」は敵艦隊、「ノレツハカイ」は連合艦隊、「ヨシス」は出撃、「ワケフウメル」は撃沈滅を意味する暗号で、したがって全文は「敵艦隊見ゆとの警報に接し、連合艦隊は直ちに出撃、これを撃沈滅せんとす」となる、ということでした。つまり、当時の小学校高学年ならいくらか聞き覚えのあるほど有名な文句でありました。

出来のあまりにも悪すぎる連中が（もちろん、わたくしも入っています）あとで少々お目玉をくらったのはいうまでもありません。

音感というか、聴覚がにぶくて苦労した話はもう一つあります。ラジオが夏の終わりごろから、「敵機の爆音集」なるものをやたらと流しはじめたのです。その爆音を聞き分けて、アメリカ軍の飛行機の機種をあてる。教室でもそれを験《ため》されたことがあったと記憶します。プロペラが一つですから音が単的な戦闘機と、プロペラが二つ、あるいは四つの爆撃機の区別ぐらいは、いくら音感の悪いわたくしでも見当はつきますが、機種がいくつもある爆撃機の飛行音を聞きわけるなんて芸当は、とうてい無理な話です。

「ボァーン、ボァーン、「B25です」「バカもん、B17だ」。ゴァーン、ゴァーン、「こんどこそB25です」「へなちょこ野郎、これがB29なんだ。よく耳をかっぽじって聞いておけ。こいつがやがてサイパン島から飛んでくるかもしれないんだ」といった調子ではげしくハッパをかけられました。

ゴァーン、ゴァーンも、ボァーン、ボァーンも、ブァーン、ブァーンもみんな同じ。わたくしの耳には、どう澄まそうが、そう聞こえるのですが……。まことに情けない〝戦士〟であったわけですが、いや、本物のB29の爆音をいやといっていいほど耳にすることになるのはそれから間もないころでした。覚える必要なんかなかったのです。

●「鬼畜米英」のスローガン

学校だけではありませんでした。東京の町はあちらこちらで、夏がすぎるころから突貫工事の大手術が進められざわめいてきました。建物疎開のぶっ壊しの荒療治は、あたりかまわず大きな音をたてて遠慮会釈なくつづいています。その線引きをまぬがれたそれぞれの家では、警察や警防団からうるさく督促されて、防空壕《ぼうくうごう》づくりでガーガーと、これまたでっかい音を立てています。敵機がいつ来襲するかわからない。それゆえに急げ急げ、それが戦う国民の義務である、というわけです。

防空壕のつくり方についても、東京都庁など上からやかましく指図されてきます。基本的構造は、深さ約一メートル二十センチ、幅約七十センチ、五人から十人くらいまでのものが坐っていられるほどの収容量があったほうがいい。上をおおう掩蓋《えんがい》は十センチくらいの古い材木をびっしり並べれば理想的である。そしてその上にかぶせる盛り土の厚さは三十センチから四十センチ。これだけ頑丈につくれば、まず大丈夫である……というのです。

ところが隅田川の川面より低い下町となると、どこであろうと三十センチも掘ると下から地下水がじゅくじゅくと湧《わ》いてきます。とにかく海抜ゼロメートル以下の土地なのですから当然のことで、とてものこと一メートルなんて深く掘れるはずはありません。父と防空壕をつくりながら、すぐに溜《た》め息《いき》をつくことになります。やむなく太い柱を何本も立てて、地下三十センチ弱、地上八十センチほどの壕《ごう》をどうやら完成させました。

「こんなもん、クソの役にも立たん。中に入れば安全なんて思っちゃいかんぞ」

というのが父のでき上がったあとの言葉です。要は、わが家の防空壕は役所がうるさいからつくったまで、という哀れなシロモノでした。

そういえば父はこのころふさふさしていた頭髪を刈って、わたくし同様に丸坊主になっていました。これも〝断髪令〟なるものがやかましくいわれていたからでした。

「政府はいま国民に昨年の倍以上もヒマの栽培を奨励しているが、このヒマからとれる油は全部航空機用として使用されているのである。一部といえども調髪用などにしている秋《とき》ではない。物量戦においては、すこしでも多くの物資を前線に送りとどけるのが銃後のわれらの任務だ。政府は一日も早く断髪令を公布せよ。〝内地も戦場〟とはただ標語であってはならない」

これが内閣情報局からのお達しでした。長髪は非国民の証拠といわんばかりです。

それで父は坊主頭になったようですが、それと何の関係もありませんが、一日の業務が終わると、父はなぜか毎晩外出し、深夜に帰宅するようになりました。そうそう、家業は運転手・助手つきのトラック二台をもつ運送業をしていて、疎開やら建物ぶち壊しやらでけっこう繁昌《はんじょう》していました。「やあ、ご苦労さん。また明日な」と労働している人たちを帰らせると、前後して父の姿も消えるのです。そして「私のラバさん、酋長《しゅうちょう》の娘……」なんて鼻歌まじりで夜中にご帰還です。すでに寝ているわたくしの頭を軽くコツンとやり、「勉強してるか、勝つまではだぞ」などと標語ともつかぬわけのわからないことをほざいていました。

標語つまりスローガンといえば、このころはそれこそまことに多量の標語のオンパレードでした。電信柱といわず、公衆便所や公衆電話の壁といわず、民家の塀といわず、ベタベタとビラが貼《は》られ、町角には立看板がたてかけられていました。

「綿を出そう、この綿が火薬となって敵艦轟沈《ごうちん》――東京都」「銀、航空決戦に銀を出そう――大蔵省」「戦局は一片の白金の退蔵を許さず、白金を出す最後の機会――軍需省」。いまどきの若い人には何のことかさっぱりわからないでしょうが、もう少しつづけますと、なかには「決戦だ体力だ増産だ――神命丸本舗」「乗り降りは押し合うより譲り合う――家伝夜尿症薬」という標語まがいの広告もまじっていましたし、たとえば「沢庵《たくあん》和尚《おしよう》報国大講演会」といったビラも風にふかれてヒラヒラしていました。この講演会の主催者が、なんと、東京都漬物統制組合。

そしてまた、大きな駅の掲示板などには、「海軍甲種飛行予科練習生徴募！」の大きなポスターが、わたくしたち中学生を「さあ、いらっしゃい、いらっしゃい」と誘っていました。

そうです、このころの最高の標語といえば、だれもが口に出し、歯ぎしりをして唱えたことのある超流行の、「鬼畜米英」がそれです。ハッキリと想いだせますが、八月四日の新聞各紙にわれとわが眼を疑う記事が載ったのです。

この日の朝日新聞は、「これが米鬼だ」との見出しで、「兄から送ってきた日本人の頭《ず》

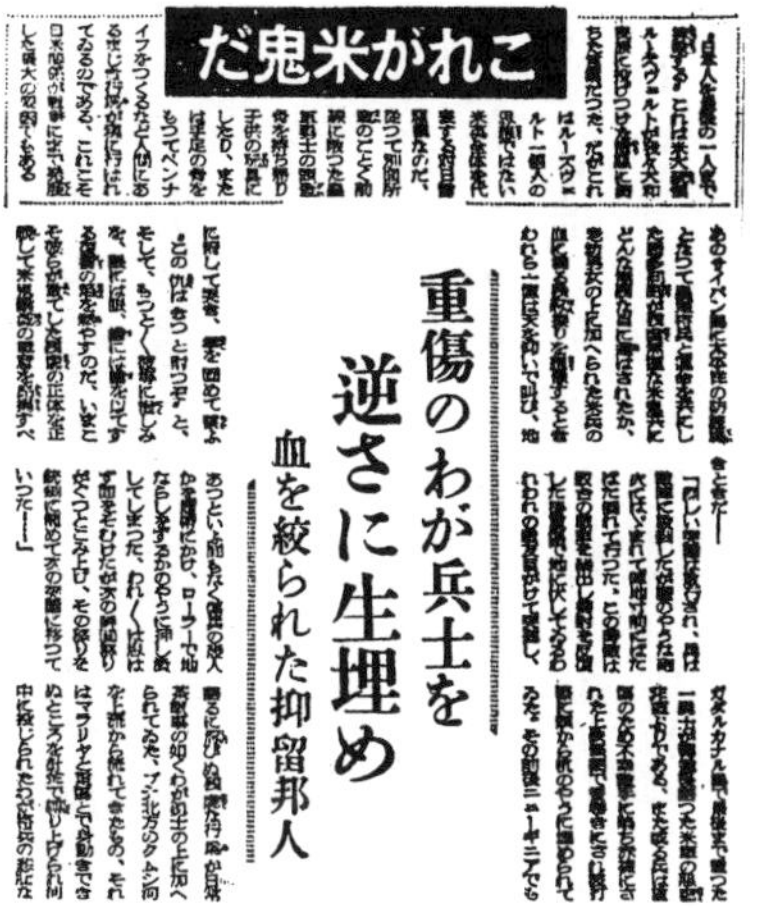

これが米鬼だ

重傷のわが兵士を逆さに生埋め

血を絞られた抑留邦人

「鬼畜米英」を報道する記事（昭和19年8月4日）

蓋骨《がいこつ》をおもちゃにしている」子供のこと、下院議員がルーズベルト大統領に「戦死した日本兵の上膊骨《じょうはくこつ》で作った紙切り小刀を贈った」事実など、それらが問題となったことを報じました。

　読売報知新聞も、「これが米兵の本性だ」の見出しで書きたてます。

「頭蓋骨を玩具《おもちゃ》にし、勇士の腕をペーパーナイフにしたこの非人道的な行為は、本国の米人間にさえあまりに残虐行為として非難され指弾されているという。（略）鬼畜め、野獣！　たぎり立つ憤激のなかにわれら一億はこの不倶戴天《ふぐたいてん》の米鬼どもを今こそ徹底的に叩きつけねばならぬ」

じつに、「鬼畜米英」はこの報道からでた言葉です。これ以前、われら悪ガキが「鬼畜」という言葉を使っていたという覚えはありません。戦意高揚のためとはいえ、このすさまじい報道のあと、「いいか負けたら男はみんな奴隷にされる。女はみんなアメ公の妾《めかけ》にされちまう。敵はとにかく鬼畜、野獣と同じなんだぞ」なんて風説が流れだしまして、多くの日本人がそれを信じてしまったんです。

●勤労動員で軍需工場へ

東京の町々では、いざというときに備えて、お母さんやお姉さんたちの竹槍《たけやり》をもっての突撃訓練がはじまります。上陸してきたアメリカ兵を突き殺す練習をくり返しやっていました。さらに防空訓練が加わってはじまりました。

「焼夷弾落下！」

かけ声とともに、モンペ姿の主婦たちが、バケツ、濡れ筵、はたき、鳶口などをもって駈《か》けつけて、火の粉を打ちはらう訓練をくり返します。落下地点に濡れ筵や砂袋を投

竹槍をもっての突撃訓練

げつけて、猛スピードで所定の場所へ戻る。

「モタモタするな」

と警防団員に怒鳴られてその場にへたりこむ人もいました。

そんな光景を学校の往復などで何度もみました。屋根に梯子《はしご》をかけて手渡しでのバケツリレーにもかなりの力が入っていました。見知らないお母さんたちばかりでしたが、みんな真剣にフウフウいいながら同じことをくり返している。とにかく、いまや総力戦の時代で、内地も戦場もないのですから、歯をくいしばって、兵隊になったつもりで頑張らなければならないのです。

そうした緊迫したなかで、われら中学二

年生にも総力戦の一翼としての動員がかかりました。軍事教練をやっているときではない、国語・漢文・英語・代数・物理などの授業も手旗信号もモールス信号もなにもかも放りなげて、海軍の軍需工場で働く日がきたのです。十月の下旬からとわたくしは記憶しているのですが、もっと早かった、いや十一月の上旬であった、違う、違う、あれは十二月一日からであったと、いい張る友もいます。同級生諸君の記憶はまちまちです。

ことの始まりは七月十九日の「学徒勤労の徹底強化に関する法」にありました。これをうけて八月には天皇の命令である勅令「学徒動員令」が発布され決定的になります。この勅令によって、陸海軍の軍需産業の求めに応じて、中学二年以上の生徒が毎日、学校ではなく工場へいくことになったのです。

われら府立七中の二年生が動員された工場は、同じ向島区にある大日本兵器産業という零《れい》式戦闘機（ゼロ戦）につんでいる二十ミリ機関銃の弾丸を製造している大工場でした。もっとも、われら二年生は旋盤などの機械を操作しての製造ではなく、でき上がった弾丸や薬莢《やっきょう》の検査が与えられた仕事でした。

学業修了式があったわけではなく、工場への入所式があったわけでもなく、ある日、突然に、朝礼のときに校長からいわれて工場に行き、翌日からそっちへ出勤となったと覚えています。いってみたら工場にはすでに大学生や専門学校の学生、そして高等女学校の四年生以上の女生徒がきていて作業をしていました。われら二年生は交代できるようにふたり一組で、それぞれ作業台につき、その四年生の〝お姉さん〟たちの手ほどきを受けて、弾丸検査のやり方を教わりました。

わたくしに手ほどきしてくれたのが都立忍岡《しのぶがおか》高等女学校四年生の上野さんという人で……と、ずっと思いこんでいたのですが、さっきもいいましたが、人間の記憶って人それぞれであてにならないもので、最近になって、この話をすると、ゲンマイよ、お前さんのいっていることは違うよ、とバカにされてしまいました。

「あのとき俺《おれ》たちに教えてくれたのは、小松川の第七高女のお姉さん方だ。だいたい忍岡高女は大日本兵器に来ていなかったよ。私立の上野忍岡高女の四年生はたしかに来ていたから、それで忍岡の上野さんだなんていっているんじゃねえのか」

これには面くらいましたが、じつはこのお姉さんと作業開始の一日目にすっかり仲良くなりまして……いや、このことはもう少しあとでゆっくり物語りたいと思います。

工場での弾丸検査の作業は流れ作業で、作業台がずらりと長くならべられて、左から送られてくる製品の担当の部分の品質検査をして、右の台へ流す。自分だけが疲れたから休む、というわけにはいきません。仕事全体がストップしてしまいます。手抜きが許されない、それだけになかなかの重労働でした。それも朝から晩までです。一時間ごとの交代と昼休みはありましたが、毎日となるとそうとうに疲労がたまります。

「何だ、中学生ではなくて工員になったのか」

父は毎朝くたびれたような顔して出勤していくわたくしを見てちょっと笑いましたが、珍しくそれ以上は得意とするいつもの皮肉っぽいことはいいませんでした。やがてはじまるであろうアメリカ空軍による本土空襲では、軍需工場はまさしく絶好の標的となる。学校ならまだいくらかは安全なのに、わざわざ爆撃の目標にセガレが通っている、何ということかとでも思ったのかもしれません。

そんなこととなんか考えもせず、自分の国が大へんなことになっていることをしっかり意識して、とにかく工場へは毎日カラ元気を出して通いました。戦争指導者は、そんな学徒の戦意をいっそうかき立てようと、いいかえれば、仕事にへこたれず打ちこませようと、きまって歌なんかつくってハッパをかけるものなのです。しかし、新たにつくられた「学徒動員の歌」は、なかなかどうしていい歌なのです。いまでもふと口をついてでてきて、一番は全部わたくしにも歌えるのですよ。

〽花もつぼみの若桜
五尺の生命《いのち》ひっさげて
国の大事に殉ずるは
我等学徒の面目《めんもく》ぞ
ああ、紅《くれない》の血は燃ゆる

（野村俊夫《のむらとしお》作詞　明本京静《あきもときようせい》作曲）

おしまいまでは歌えませんが、三番の出だしの「君は鍬《くわ》とれ我は鎚《つち》　戦う道に二つなし」も、すぐに浮かんできます。音感の人一倍悪いものが覚えているくらいですから、当時はよっぽどくり返し歌わせられたに違いありません。まだ大人になりきっていない中学生であろうと、国家の一大事に身を捨てて殉ずること、そこに最高の意義がある。まさに「一旦《いったん》緩急あらば」われら学徒も国のために喜んで死ぬのです。そんなすさまじい時代であったというわけです。

●キラキラと輝くB29

工場へ通いだしてから何日かたった十一月一日、午後一時すぎ、東京の上空にサイパン島から発進した爆撃機B29がはじめて姿を見せました。

そのほぼ一週間前、フィリピンの東方海域で凄絶《せいぜつ》たる戦いがくりひろげられました。レイテ沖海戦というもので、日本海軍はありったけの兵力をくり出して「全軍突撃せよ」の悲壮な命令のもとに戦いましたが、作戦は成功しませんでした。これでほぼ連合艦隊は全滅します。同時に、神風《しんぷう》特別攻撃隊の体当り攻撃も正式の作戦となりました。

日本じゅうどこを向いても明るいところなど一点もなくなった、といってもいいと思います。物資的にも精神的にも荒廃しきって、国家の機能そのものが休止状態になっていました。そこに超空の要塞《ようさい》B29による本土空襲がはじまったのです。十一月一日、このときはただの一機だけでしたが、勝浦《かつうら》、木更津《きさらづ》、東京、立川、東京、千葉を通って、ふたたび勝浦から遠ざかっていきました。投弾ゼロ。空からの写真偵察にきたものにちがいありません。

日本軍部は雷に脳天を打たれたように愕然《がくぜん》となりました。サイパンから日本本土まで二千四百キロメートル。この長距離を楽に往復できる飛行機はＢ29しかありません。それが予想以上に早く悠々と姿をみせたのです。こうなると、マリアナ諸島にどのくらいのこの超空の要塞が米国本土から送られてきているのか、これを確認することが焦眉《しょうび》の急となりました。

決死の偵察機が重大任務をおびて硫黄島《いおうとう》から飛び立ちます。その陸軍の偵察機による第一報が十一月六日にとどきます。それによれば、すでにサイパン島にＢ29十五機がいるということが判明します。さらに十一月九日には海軍機も偵察に成功しまして、グァム島にはなんと三十機が着陸していることが明らかになりました。大本営はそうした報告からみて、十一月十日には、マリアナ地区には「近くその兵力は七十〜八十機になるであろう」と判断します。

そのことを証明するように、単機または二、三機が関東、関西そして中部地区に侵入してきます。毎日のようにです。その機数は次第にふえてきます。しかもＢ29は一万メートル前後の超高々度で飛行してきて、わがもの顔に飛び回り南方洋上に脱出していきます。たいして迎え撃つ日本陸海軍の戦闘機は、だいたいが八千五百メートルくらいまでしか上昇できず、それ以上はフラフラして行動がままならなくなる。高射砲の射程も七千メートルまでしか及びません。

真っ青《まさお》な大空のひろがりのなかを、キラキラ胴体や翼を光らせて豆粒ほどのB29が飛んでいきます。敵機を「キレイだなあ」なんていったら、軍国おじさんに怒鳴られますが、事実、うっとりするくらい美しいものでした。それにケシ粒くらいの日本の戦闘機がくらいついていきますが、どう贔屓目《ひいきめ》にみても翻弄《ほんろう》されているとしか地上からは見えません。もう文字どおり切歯扼腕《せっしやくわん》したものです。

同級生のなかに軍国少年もいまして、これが飛行機にやたらにくわしいのです。

「B29か。あやつは翼長が四十三メートル、全長は三十メートル強、最高時速六百キロ、それから高度一万メートルでも飛行可能なんだな」

そんなことを教えられたってどうにもなりません。じゃあ、世界でいまいちばん強いのか、とアホウな質問をするくらいがオチです。

「バカをいえ、いまに見ていろッてんだ。わが日本軍だってモノスゲエ爆撃機をいま造っているんだ。爆弾はB公の五倍の二十トンも積めるんだし、飛行距離だって三倍だ。プロペラはB公は四つだろう、こっちは六つだ。これがもうすぐ完成する。これが出来たら鬼に金棒よ。B公のいまいる飛行場なんて木《こ》ッ端《ぱ》微《み》塵《じん》よ」

かれの豪語によれば、このほかエンジン四基のB29に負けない爆撃機はもう完成しているといいます。

「ゲンマイは、和尚なんて偉そうにいっているくせに、何も知らねえな。そんなこっちぁ、やっぱりお前は非国民であると、中島（軍国教師の名）にまたケツをぶん殴られるぞ」

「なーに、オレだって知ってることはあるよ」

「何を知ってるんだ、言ってみろ」

「真田《さなだ》十勇士の名前だ。猿飛佐助《さるとびさすけ》、霧隠才蔵《きりがくれさいぞう》、三好清海入道《みよしせいかいにゅうどう》、由利鎌之助《ゆりかまのすけ》、筧《かけい》十蔵、三好伊三《いさ》入道、海野《うんの》六郎《ろくろう》、望月六郎、穴山小助《あなやまこすけ》、エート、それから根津甚八《ねづじんぱち》。これで十人だ。みんな強いんだな」

「バッカじゃなかろか、そんなの知っていたって、お国の役にはまったく立たん。ノン気な奴だな、ゲンマイは」

ある日の、警戒警報が鳴ったので作業中止で、大きな工場の敷地の隅、塀ぎわにずらりと造られた防空壕に退避中でかわされた会話です。こんな類《たぐい》のことをいい合っていたのですから、思えばまだいくらか悠長なときであったわけです。

ちなみに友がいっていた六発の爆撃機は「富嶽《ふがく》」と名づけられ開発がすすめられていましたが、計画は途中で中止。また四発の大型陸上攻撃機は「連山」と「深山《しんざん》」という名のもので、こっちは試作の段階で造っていた中島飛行機が空襲でやられ、オジャンになりました。もちろん、戦後にわかったことですが。

●本格的空襲はじまる

十回余にわたる充分な写真撮影ののちで、B29による本格的な東京空襲がはじまったのは、十一月二十四日でした。午後一時、編隊は八機、十二機、十三機という風に波をなして東京上空に侵入してきました。当初の目標は中島飛行機武蔵野《むさしの》工場でしたが、武蔵野のほうは上空が雲におおわれていたため、総機数七十機のうち一部は東京都内の民家に爆撃目標を変えます。

東京三十五区（当時）の晴れ上がった空に、小さく銀色にかがやく大編隊が、うすい絹のような白い雲の糸をうしろに長く引きながら、真っすぐに横切っていきます。くり返しますが、奇妙なほどの美しさに見ほれている都民の頭上に、超高空から精密な照準でその日は計二千七百トンの爆弾が投下されました。地上からは迎撃の日本戦闘機が飛び立ち、東京を護《まも》る二十四門の全高射砲の弾幕が張りめぐらされました。戦闘機が一機、懸命にすがりつくようにB29の尾部に体当りして、確実に一機を撃墜したことが望見されました。

つづいて二十七日午後に約四十機、三十日深夜に約二十機、十二月三日午後に約七十機と、東京都内への爆撃がつづきます。もっとも、そのほかにも爆撃効果を確認するための半ば偵察兼任の少数機の来襲は毎日つづいています。そのつど、警戒警報のサイレンや見張り櫓の鐘が鳴ったあと、「東部軍情報（のちに東部軍管区情報となる）敵数目標は南方洋上より本土に近接しつつあり」というラジオの報道ではじまります。やがてこの数目標が十数目標、数十目標と変わると、今日の空襲はでかいぞ、ということになるわけです。

それが昼も夜も、ですからたまったものではありません。深夜などはサイレンが鳴るたびに起こされます。寝不足気味となり、気持ちは次第に荒《すさ》んで苛立《いらだ》ってくるのです。たとえば十二月は、十日、十一日、十二日、十三日とほとんど毎晩です。しかも身を軽くしていくためか、積んできた爆弾をやみくもに投下して去っていきます。危くてしょうがない。人は怒りっぽくなり、電車のなかなどで大声を張りあげる人が日ましに多くなっていきました。

苛立っている、といえば、B29搭乗のアメリカ軍将兵もそうであったようです。彼らはこの数次の東京空襲で、だれからも教わらなかった想像外の「敵」と悪戦苦闘していたようなのです。それは日本の高空をたえず吹きぬける信じがたいほど強い風でした。富士山上空を通って針路を東に向けると、とたんに各機はものすごい偏西風（ジェット気流）、つまり追い風に吹き流されるのです。

このため飛行速度は予定よりも二百キロ余を超える時速七百キロものスピードとなりました。こうなると爆撃を正確に行うことなどできません。爆撃用の計算表や照準器の

爆弾や焼夷弾の雨を降らすB29

どれひとつとっても、これほどの強風を予想してつくられてはいません。爆撃の成果の上がらないことに、搭乗員たちは苛立ちを強めていったのです。

考えあぐねた末、十二月十三日午後の約八十機による名古屋《なごや》三菱《みつびし》重工業への爆撃は、少しく作戦を変えました。米軍の記録はこう記しています。

「日本を吹きぬける時速二百マイル（約九十メートル／秒）という烈風はとにかくすさまじい。これまでは風下から爆撃していたが、この名古屋空襲では風上に変更し、そのことで命中精度がいっきに上がった」

十二月十八日約七十機、十二月二十二日約百機で、名古屋の三菱重工はつづけて空襲されました。今夜はわが東京とは関係ないや、人の不幸を喜ぶわけではありませんが、このさいとばかりに安眠をむさぼります。深夜の一機だけの来襲なら、二十日から二十五日まで連続して深夜にポー、ポー、ポーと鳴りましたが、アメ公いい加減にしろ、と毒づき、蒲団《ふとん》にもぐったまま起きようともしなくなったのです。

軍部だけは相変わらず威勢よく叫んでいます。

「爆弾とか、焼夷弾は全部が全部、うまく命中するものでない。百発中一発、せいぜい五十発の中から一発が命中すれば上出来である。一回二十機の空襲をうけて、焼夷弾四百発を投下されたとしたら、直撃弾そのものでは大体百人くらいの死傷があって、まことに微々《びび》たるものであり、戦争する以上は、当然忍ぶべき犠牲である」

ゆえに、問題となるべきは精神面での敗北感である、というのです。

そうはいっても、その百人の死傷者が自分である可能性はいくらでもあります。わが同級生のなかには、本人は工場へ来ていたので無事でしたが、退避していた防空壕に直撃弾を受け、祖母、母、妹たちがみんな亡くなってしまったという不運に見舞われたものもいるのです。その友はいまになってもアメリカ人にたいする怒りをあらわにします。憎悪は消そうにも消せないのですね。

昭和十七年のガダルカナル戦いらい、「断固死守」をくり返し、戦局が不利になりいかんともできなくなって、「一部の敵が上陸」を報じ、土壇場《どたんば》にきて「我軍果敢なる反撃中」と、苦しいあがきの宣伝を軍部はつづけてきました。敵はいつでも「断固粉砕」されるはずなのに、粉砕されたのは常に日本軍。国民は大本営発表をほとんど信じなくなっています。ですから、軍部がいくら恐れるなと叫んでも、勝手に吼《ほ》えていろよ、ということになる。ただし、多くの軍国おじさんや教師たちは違いますが。

しかし、どんなにいやになっても戦いつづけなければならないのです。死はつねに隣にある。そうとわかっていても、そのときにはそのときよ、爆弾が当たらば当たれ、と半ばあきらめて、つかの間の安眠をむさぼって蒲団にもぐり込んでいるのです。少なくとも満十四歳、中学二年生のわたくしはそうでした。それと、不敵きわまるわが父も。相変わらず酔っぱらって深夜に帰ってきてゴウゴウといびきをかいて、です。

こうして昭和十九年はすぎていきました。

第四章 「盲爆」と本土決戦＝昭和二十年(1)

●「金庫開けます、二十円」

空襲警報が鳴ったので眼《め》をさますと、まさに午前零時。昭和二十年の元旦《がんたん》はB29一機の来襲で明けました。八王子のほうから東京上空に侵入。焼夷弾《しょういだん》を投下して、勝浦《かつうら》方面へ去っていきました。さらに午前四時すぎにふたたび空襲警報、ゴァーン、ゴァーンともう聞きなれた爆音が半分眠っている耳に響いてきました。しかも、少し間をおいてもう一回ゴァーン、ゴァーン。寝ぼけの意識にも、ハハァ、こんどは二機来やがったな、と思いました。しかし起きるつもりなんかこれっぽっちもありません。

夜が明けて起きて、新聞を読んでいるわが父と顔を合わせると、さっそく記事の一部を読んで講釈してくれました。

「早稲田《わせだ》のある八幡《はちまん》様で、爆弾よけのお札というものを売っている。これが飛ぶような売れ行き……と出ている。もうほかに頼るものがないからな。坊、ひとつ買ってきてお尻《しり》にでも貼《は》っておくか」

あとでわかりましたが、この八幡様は穴八幡という有名な社とのこと。ただし、三月十日の空襲で全焼してしまったから、せっかくのお札も所詮《しょせん》は紙きれでしかなかったわけです。そんなことを覚えているのですが、はたして軍需工場に正月休みがあったのか、まったく頭脳から抜け落ちています。歳月というものは真につらかったことはふり捨てさせて、くだらない記憶だけを残してくれる、不思議な力をもっているようです。

大日本帝国はもう末の世となっています。希望のもてることなんか一つもありません。空襲恐るに足らずというかけ声とは裏腹に、早いスピードで、そして広範囲に、東京に焼け野原がひろがっていました。焼け跡には数メートルおきに、被災者の立退《たちの》きさきを記した立札が立てられています。目につくのはこの立札と、内部の落ちた倉と、焼けさびた大きな金庫だけです。

金庫は二、三日放置され、すっかり冷えるのが待たれているのです。無理にこじあけたとたん、内部から火を発して元も子もなくしたという教訓が、さまざまな噂話《うわさばなし》とともに焼け跡に流れていきます。しかし、冷えきってしまうと、こんどは容易に開かなくなる。このため金庫屋という奇妙な新職業の人があらわれ、道具袋を肩にして、「金庫を開けるよ、二十円。一つ二十円、五分で開けるよ」と売り声をあげて焦土を歩いていました。

そして夜の東京は年が明けてからいっそう死んだ町になりました。灯火管制が強化され、たとえ警戒警報のサイレンが鳴らなくとも、午後十時以後は自動的に警戒管制となります。そんな中に噂が乱れ飛びます。撃墜されたB29の機体に残された地図の話があります。詳細な、これまで見たことのないほど綿密な地図の上に、中島飛行機工場は356、宮城《きゆうじよう》（皇居）は57と番号が細かくふられているというのです。B29は今日は何番を爆撃せよと命を受けて飛んでくるのだという。人々は自分の運命がそのわけのわからない番号によってきめられているのだ、という不安におびえるようになりました。

ある朝、それが一月の何日であったか覚えていませんが、工場へ出勤する途中でちょっと遠回りして、前の晩に爆弾が投下された跡を見にいった記憶があります。わたくしの家より南へ五百メートルほど離れた同じ区内の、小住宅街の真ん中にそれは落ち、直径六十メートルほどの広い範囲の家々が吹き飛ばされていました。その真ん中に直径二十メートルほどの大きな、味噌汁椀《みそしるわん》のような穴があき、底には地下からの湧き水《わみず》がたっぷりと貯《た》まっていました。

ひと目見ただけで爆弾のものすごい爆裂力が実感されました。ナニ、住んでいた人？あの穴のところの人なんかひとり残らず、一片の骨肉を残さぬほど木ッ端微塵《こっぱみじん》さ、といっている大人の言葉の冷ややかであったこと。爆弾なんか恐ろしくはない、という軍部の宣伝なんて大ウソのコンコンチキだと骨身にしみて思いました。

そんなぶっそうな、真っ暗な街となったというのに、わが父の夜の外出は相変わらずでした。とっぷり陽《ひ》が落ちて暗くなると、「坊、メシ食ったら早く寝ろよ。夜中にまたプーが来るから」といい残して出ていってしまう。そして夜中の、いつもどおりに警戒警報のプーが鳴る寸前ごろに酒のにおいをプンプンさせて帰ってきます。このあたりのタイミングのよさは名人芸といえるのかもしれません。

とにかく東京にいる人は毎晩のようにサイレンの音で叩《たた》き起こされ、少しく〝異常〟になり、すぐに怒りだし、沈黙がちになっています。疲れきった顔、顔、顔。恐怖とか厭戦《えんせん》とかの表情ではなく、あきらめている、観念しきっている、運命にまかせている。

そうした世の中一般のなかにあって、わが父だけがいつもどおりのことをやっている。いや、いくらか怪《あや》しいことをやっている。多分、のんでいるのは闇値《やみね》のものすごく高い酒なんでしょうが、とにかく平気で好きなことをしている。それが頼もしく思えたなんて、わたくしもどうかしていたのかもしれません。

●果敢な戦闘機の体当り

一月九日午後、久しぶりに約三十機ほどのB29がいくつかの編隊にわかれて東京上空に現れました。これをとくに記憶しているのは、仰ぎ見ている上空で日本の戦闘機の果敢な、それも前後して二機の体当りをたしかに仰ぎ見ることができたからです。それは信じられないような出来事でした。

しかも体当りした戦闘機のうちの一機は一筋の白煙となって、地上に向かって墜落していきました。B29はそのまま何事もなかったように東進していますが、やがて左翼のエンジンよりゆるゆると濃い白煙の尾をひき、わずかに編隊より遅れはじめます。そして、墜落してくれというわたくしたちの願いを裏切るように、悠々と蒼空《そうくう》に小さな光点

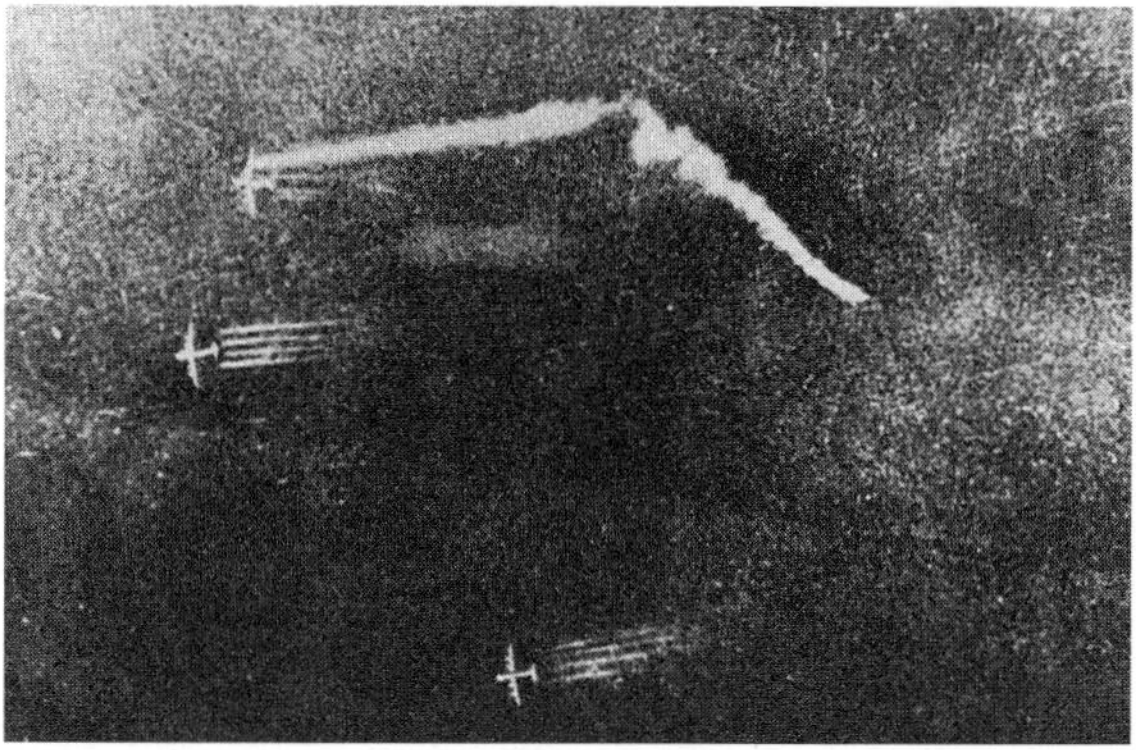

日本戦闘機の体当り

となって東に消えていくではありませんか。東京都民の見たのはそれだけです。都民は眼《ま》のあたりに戦争の無残さ、空《むな》しさを感じさせられました。日本機は墜落し、敵機は飛びつづけた。人間の生命《いのち》のなんというはかなさよ、わたくしはそのことを痛感しました（ちなみに、いまは米軍の記録でこのB29が太平洋上に墜落した事実がわかりますが）。

そしてまた、東京都民を苛立《いらだ》たせる深夜の空襲警報が、それもたった一機のためのそれがつづきます。しかもひと晩に二回も三回も。その上に、帰りぎわに無差別に爆弾を投下していくから、油断はできません。かならず死者があり、家を失う人がでてくるからです。

悲惨は、つまり東京のいたるところにころがっていました。落とされたところが不運、ということなのです。いうにいわれない憤りが、都民の心のうちにたぎりはじめ、それをなにに向けたらいいか、多くの人々はとまどっていました。必然的に憤懣《ふんまん》がぶつけられるのは、空襲にたいする東京都庁の応急措置と復旧ぶりのスローモーにたいして、ということになります。

一、道路に爆弾が落ちたとき＝計画局道路課
一、焼け残った建物の処理＝防衛局建築課
一、焼け跡の土地の処理＝計画局都市計画課
一、怪我人《けがにん》がでて倒れているとき＝衛生局

なんというタテ割り行政のわずらわしさでしょうか。これが戦いを指導する役所の実態でした。ただし、大々的な攻撃はもっぱら軍需工場に集中されていて、一般民家がとくに標的になっているわけではない。まだまだ安心だし、このままずっと民家の安全はつづくのではないか、とても楽観していたのでしょうか。

ところが、です。状況は変わりつつあったのです。米軍の記録によれば、マリアナ諸島に展開し、これまで日本本土空襲を指揮してきた米第二十一航空軍司令官H・ハンセ

ン准将が、B29の損害は大きいのに戦果が思ったようにあがらないという理由で、ワシントンの国防省によって解任されたのは一月六日のこと、といいます。そして後任のカーチス・ルメイ少将がインドから急遽《きゅうきょ》サイパン島に飛んできたのが翌七日。ときにルメイ三十九歳といいます。

そしてハンセン准将指揮の最後の空爆が行われたのが一月十九日、兵庫《ひょうご》県の川崎航空機明石《あかし》製作所が標的となりました。皮肉なことにこれは大成功であったらしいのですが、翌二十日、ルメイが第二十一航空軍司令官に着任します。アメリカ軍の人事など当時の日本人には知りようがなく、また、知らなくたっていいことなんですが、ルメイの名を記憶してほしいと思うので、横道にそれて書いておきました。

一月九日のあと、東京への大空襲はちょっと間があきました。少数機の深夜の来襲は相変わらずですが、昼間にはいわばごくふつうの日常生活が戻ってきた、そんな毎日がつづきます。

といっても、いまでも思いだせますが、この年の冬の寒さは格別でした。しかも燃料も配給でほとんどありません。家庭でも職場でも燃えるものは燃やして寒さを凌《しの》ぎます。

企業では、まっさきに古い書類が燃やされ、つぎに空いた書棚が火中に放《ほう》りこまれ、つづいて徴兵令状がきていなくなった同僚の机、腰掛けの順で灰となっていきました。いずれ空襲で焼かれるんだからと、まことに気前よく燃やされました。

いや、燃料もそうですが、それ以上に悲鳴をあげさせられたのは食糧でした。書くのも嫌になるほどに、食べものは日ましに減っていって、とにかく腹をペコペコにすかして働いていました。三度の食事がとれたのは前年の十月までくらいで、なにもかも配給頼みなのですが、それもたとえば四人家族にイワシが二匹といった状況でした。また六十歳以上の老人と十五歳未満の子どもには、一カ月に一回だけお菓子が配給されました。資料にはそうでていますが、当時十四歳のわたくしには、お菓子をもらった記憶はまったくありません。

主食として米のかわりにクローズアップされたものはイモでした。ところが、このイモすらもあれよあれよという間に姿を消しました。イモからつくられるブタノールを原料とし、飛行機の燃料イソオクタンを生産する。いまは飛行機の燃料が最高に大事ゆえに、食糧よりもまず軍需へまわせ、というわけです。

こうして寒さに耐え、空腹にも我慢のかぎりをつくして頑張っている国民の頭の上に、爆弾や焼夷弾の雨が容赦なくふりそそぐのです。爆撃にくるB29はもう勝手気儘《きまま》に振舞っています。皮肉にいえば、そのころの日本陸海軍は穴ほりやイモづくりの農兵と化していました。それはすでに戦う軍隊ではなくて、火力を誇る米空軍には「なにとぞ来ないでくれ」とのみを祈っている情けない集団になっていたのです。

●工場の中でデイト

そうした困苦に耐えて国民のすべてが国のために戦っているときに、わたくし自身は何をしていたか。軍需工場で二十ミリ機関銃の弾丸の製品検査をしていたことに間違いはありません。が、そのほかに、かの忍岡《しのぶがおか》高女（あるいは第七高女）の四年生の上野さん（あるいは、名を忘れたお姉さん）と、いまでいうデイトのようなことを工場の中でこそこそとやっておりました。いや、こそこそではなく、同級生の何人かは知っていたし、応援団の役割をしてくれたものもいました。

上野さんたち高女の四年生は、別棟の職場へ移っていたのですが、同じ工場内であるし、両方の手あき時間を工面すれば、とにかく会うことはできたのです。ただし、男と女が仲よくなったといったところで、人もうらやむような華やかさなんかなにもなく、戦争中のことですし、空襲下です。こそこそと会うほかはありません。

ですが、大日本兵器が直接に爆撃をうけたとき（一月二十七日）など、われを忘れて彼女の無事かどうかをたしかめるために、真っ青になって彼女の職場にすっ飛んでいきはしました。「ゲンマイの黒い顔があのときは真っ白になっていた」と応援団の同級生にはいまも笑われます。それが人目もかまわず行動したわずかな甘さ、といえるぐらいの話なのです。

この一月二十七日の空襲は、九日いらい久しぶりに東京に七十機以上が来襲してきた大きなもので、死傷者が千人以上でました。向島区の北十間川《きたじっけんがわ》にそっていくつもならんでいた軍需工場群のすべての工場につぎつぎに爆弾が命中した。あんな超高々度からよくもまあ当てることができるもんだ、と心底から感心させられて、「これはラジオや新聞の見くびったような論調とはぜんぜん違うぞ、ものすごく強力なんだ」と同級生に話して、「腰ぬけだな、ゲンマイは」とひどく軽蔑《けいべつ》されたものでした。

さて、上野さんとわたくしのことです。しばしば作業の休み時間に、人眼につかない工場の一隅で会って、日向《ひなた》ぼっこをしながら語り合っていました。でも、どこかせっぱつまった感じはありました。なぜかといえば、アバヨと夕方別れた友が翌日は出勤してこなかった、死んじゃったと、そんな時代でしたから。明日はもう逢《あ》えなくなるかもしれない。ですから、ただ逢って無性にしゃべるだけ。しかし、何をしゃべったことかみんな忘れました。情けない話ですが、ほんとうです。

ところがその並んで語り合っているところを物理学校（現東京理科大学）のおっさんみたいな学生に見つけられてしまったのです。

「この野郎、この非常時に、いったいなにをしているんだッ！」

この人はかなり殺気立っていて、わたくしだけを立たせて猛烈な往復ビンタを張りましたが、上野さんは無罪放免でした。いいところもありましたね。

いらい札つきになりました。弁解など無用のときです。何度もビンタを張られたし、ポコポコに殴られました。それに父親ゆずりの正直もので、休み時間に新聞を読みながら、よせばいいのに余計なことをいったりしてしまうのです。たとえば、「中国軍陣地に爆弾投下、全弾命中」などという記事を目にすると、いわなければいいのに、「そんなの当たるに決まっているだろ。中国大陸は広いんだから」なんてことを口走ってしまうからです。またビンタです。

逢《お》う瀬《せ》がままにならなくなると、そこには応援団の、下町育ちの勇み肌の友がいます。オッと合点承知の助とばかりに何度か橋渡しをつとめてくれました。ある日、友がわたくしに彼女からの手紙を渡そうとしたとたんに物理学校に咎《とが》められ、二人同罪とばかり、互いに向かい合っての同士討ちビンタを命ぜられました。手加減したら許さんぞとおどかされ、わたくしはギュッと眼をつぶると思いきり友の頬《ほお》をひっぱたき、友にひっぱたかれました。眼鏡《めがね》が飛んで壊れました。あとでしばらくの間は紐《ひも》でしばって耳にかけていました。大損害でした。

彼女の手紙の内容もすべて忘れてしまっています。大切にとっておいた実物は空襲で灰となり、いまは色即是空《しきそくぜくう》と思うばかり。ただ「私もあなたのことで先生に大そう叱《しか》られました。でも私は負けません。大和撫子《やまとなでしこ》です」といった意味のことが書かれていたことだけは思いだせます。そういえば、彼女の容貌《ようぼう》すらもはっきり残っていません。ただそれだけの話なのですが……。

いずれにしても、わたくしは熱狂的な軍国少年ではありませんでした。同級生には陸軍士官学校や海軍兵学校に憧《あこが》れるものが多かったし、予科練や陸軍幼年学校に大挙して受験しに行ったり、合格して進んだものもいましたが、わたくしは最初から軍隊の学校へ行こうという気はありませんでした。軍人には向かないひどい近眼であったせいもありますし、それに佐藤紅緑《さとうこうろく》の少年小説『あゝ玉杯に花うけて』を愛読して、オレは断固として一高へ行くと、そうきめていたんです。頭もさしてよくないのに、です。

●つぎはいよいよ本土決戦

二月に入って、降ってわいたように〝本土決戦〟という言葉がさかんにいわれだしました。敵の日本本土への大挙しての上陸作戦は、むしろ日本軍にとっては好機である。引きつけて力ののびきったところを一挙に粉砕する。戦局挽回《ばんかい》の最高のチャンスなのだというわけですが、こんどこそほんとうに勝てるんだと強調されればされるほど、信用の度は薄れていくような感じではありました。

そのころ日本国内にひそかに流布《るふ》されていた笑い話に、こんなのがありました。われら中学生の耳にも入ってきました。

「戦争がはじまっていらい

○増産されたもの

＝法律とお金、歌わない音楽とシラミ

○減産されたもの

＝物資、食糧、それと親切心

○不明のもの

＝大和魂、あるいは必勝の信念」

作家の山田風太郎《やまだふうたろう》さんは当時二十二歳の医学生でしたが、このころの日記に皮肉な文字を記しています。

「夕食時の話。いま米一升十五円、炭一俵七十円、酒一升百四十円、砂糖一貫目四百円、卵一個二円とのこと。

もとよりこのうち酒や砂糖や卵はぜいたくの範疇《はんちゅう》に入るべく、これを求めてこの暴利をむさぼらるるは自業自得なり」

ふつうの定価ではもうなにも買えず、すべて裏取引き、つまり〝闇〟です。都民が口にするもののほとんどは闇の値段で買ったものばかり。配給をあてにしていては干乾《ひぼ》しになります。さらに滑稽《こっけい》なことは、一カ月十二、三円ほどの配給品を闇市場へ流せば、なんと、二百数十円になってしまうことです。

その上に、こうして大多数の都民が飢えているときに、高級軍人、高級官僚、軍需工場経営者などは「顔」の力で特別の闇ルートをもち、毎日のように魚や肉を食膳《しょくぜん》にのせ、家にはいろいろな物資が山積みにされている、そんな噂がみだれ飛んでいました。

その上で、さあ本土決戦だ、増産だ、鬼畜米英に負けてたまるか、のかけ声だけなのです。これでは一人ひとりの国民が自分の身や生活を守るためにエゴイスティック（利己的）になるのは当然でありました。国家はかけ声だけで決して守ってはくれない。他人のことはかまっていられません。「減産されたもの、親切心」はその意味なのです。

ところが米軍機による東京空襲のほうは、そんな国民の空腹や困苦や疑惑や勝手さに関係なしです。二月九日の午後、百機の大編隊による高々度からの空爆、と思うと二月

十六、十七日と二日間、朝から夕刻まで米航空母艦から発進した艦上戦闘機や艦上爆撃機による空襲です。十六日は計二百九十機、十七日は計百七十機と記録にあります。B29の悠々たる姿にくらべると、このグラマンという艦上戦闘機の小憎らしい軽快さ、敏《びん》捷《しょう》さ、獰猛《どうもう》さ。これはほんとうに許しがたいほど凄味《すごみ》がありました。わたくしたちは作業中止命令の連続で、工場の塀ぎわの防空壕《ぼうくうごう》にもぐったきり。いや、生命の惜しくない暴れん坊は何度注意されても外に出て、この戦闘機乱舞の世紀のスペクタクルを眺めていました。わたくしは、もちろん、その一人でした。

さらに翌々日の十九日午後、B29百機以上の空爆です。グラマン来襲のときも、この日も日本の戦闘機反撃はほとんど見られません。来たるべき本土決戦のために温存をはかっているのだ、とまことしやかに語るのが軍国おじさん。しかし、「神機到来を待つのみ」と軍部はいつもいうが、いまがその神機ではないか、と疑問視する人もふえてきます。

「バカをいえ、帝国海軍微動せずだ、いまに見ていろ」
「海軍？　そんなものおりはせんさ。海の底だというぞ」

「デマにおどらされるな、そんな敗戦思想は許さん。神風はかならず吹くんだ」
と、顔を真っ赤にしてやり合う大人たち。われら中学生はただ聞かされるのみで、口をはさむ余地なんかありません。念のため書きますが、こうした大討論が戦われていたのは防空壕の中においてであります。

そしてこの二月十九日、日本人の強がりをあざ笑うように、米海兵師団七万五千余が日本本土の表玄関である硫黄島《いおうとう》への上陸作戦を開始しました。この連続した艦載機やB29の東京空襲は、その米軍大攻勢の前哨戦《ぜんしょうせん》であったことを、国民はたっぷりと思い知らされました。そして、いよいよつぎは本土決戦かの思いを強くしました。

そしてわたくしにとって忘れられないのは二月二十五日・日曜日の午後、雪のシンシンと降るなかでのB29百三十機の大空襲です。びっしりと空をおおった厚い雪雲をとおして、例の四発の爆音が聞こえてきます。遠くの高射砲の発射音が下で鳴ると、その破裂音が雲上で鳴り、この砲声を押しのけるようにして爆音が陰々と雪にこもって響いてくる。まったく姿が見えないのです。無気味この上ありませんでした。そしてシュルシュルシュルと厚い絹地をひき裂くような爆弾の投下される音。見えないことがかえって恐怖心を起こさせます。空襲にはかなり馴《な》れっこになっているのに、このときばかりは身体の芯《しん》から震え上がりました。

しかもこの空襲はもっぱら市街地に爆弾と焼夷弾が投じられました。これまでの目標の軍需施設などに目もくれずです。その夜、大本営はこの日の空襲をこう発表しました。「本二月二十五日午後、B29約百三十機、主として帝都に侵入、雲上より盲爆せり」たった一つの言葉に、わたくしは目をひきつけられました。盲爆、盲爆、何だこれは！　ただ人間を殺しさえすればいいということか。しかも武器ひとつもたないわたくしたちを。

●カーチス・ルメイの決断

ここでもういっぺん、アメリカ側の記録にふれることにします。

一月二十日、すでにふれたように、H・ハンセン准将にかわってC・ルメイ少将が日本本土爆撃の総指揮をとりました。このルメイが強い偏西風が妨害となっての高々度からの真っ昼間の爆撃法に疑問をいだいたのは、着任してそれほど間のないときであったようです。いかにして味方の損害を減らして戦果をあげるか、彼はそれまでの作戦報告などさまざまなデータを前に、思考をだんだんにひろげていきます。

そして、二月十三日の夜に、イギリス空軍が敢行したドイツの芸術と文化の都市ドレスデン空爆の記事に、強く眼をひきつけられていました。イギリス空軍は軍事目標とは関係がないこの都市の中心部へ、高性能爆弾とともに、無数の焼夷弾を投下して、これを完全に破壊し灰にしたという。そしてドイツ国民の戦意を木ッ端微塵《こっぱみじん》にした。すなわちこれぞ戦略爆撃の大成功なのであると。しかも、アメリカの爆撃部隊も少数機ながらこれに参加し、大いに戦果をあげた、と記事にはあるのです。

ルメイは大そう影響されました。これまで「航空機産業を主体とする軍需工場の破壊」を優先させてきたが、もはや「焼夷弾による都市攻撃」こそが重要課題ではないのか。そういう結論に達したルメイは、新聞の批判などを気にして逡巡《しゅんじゅん》しているときではないとひそかに考えたのです。それは二月二十七日前後のこと、と推定されます。

日本本土への爆撃開始いらいすでに四カ月、日本上空の天候にわざわいされて、回数二十二回、のべ二千百四十八機が出撃、五千トン以上の爆弾を落としたが、優先的に設定された主目標十一のどれ一つとして壊滅しえなかった、それがルメイの決断の根底にありました。さらにそこへ、「三月六日から二十一日にわたり、日本の産業重要都市を徹底的に破壊せよ」という太平洋艦隊総司令官のC・ニミッツ大将からの要請もとどけられていました。それは沖縄上陸作戦の第一着手が三月二十三日ときまったことを意味しています。

せっつかれてルメイはついに決断します。ただちに命令を発して、二週間以内に一回の爆撃に三百機は出撃できる態勢をととのえさせることにしました。そして爆撃日、爆撃方法、その決定は自分が下す、と幕僚たちにいいました。責任は自分がとる、今後は余計な論議は許さないという意味です。

「日本の家屋は木と紙だ。焼夷弾で充分効果をあげられる」

ルメイは堂々とそういってのけました。

いうまでもありませんが、日本政府も軍部も、そんなことを知ることはできません。大本営は二月二十八日、本土決戦用師団を編成するために第一次大動員を発令しました。「いったい兵備は数が多いのがいいのか、少数でも充実したものがよいのか」という質問に、参謀本部作戦部長の宮崎周一《みやざきしゅういち》中将は顔を真っ赤にしていいました。

「質よりも、この場合は数だ。数を第一とする」

参謀次長秦彦三郎《はたひこさぶろう》中将もこれを援護します。

「本土決戦の成否は、敵の第一波を撃滅するにある。もしこれに失敗すれば、その後の計画は不可能になる。あとのことは考えない。全軍を投入して、第一波を完全撃滅することが最重要である」

つまり、第一波完全撃滅のための、人柱としての百五十万人もの大動員を陸軍は考えました。軍部が考えているのは日本本土決戦のみで、空襲やその被害のことなんかにはほとんど関心を抱いてなかったのです。

●防空消火に特攻精神

大空襲は二月二十七日いらい、五、六日、途絶《とだ》えていました。偵察機すらやってきません。

「こんな風な静寂は何かが起こる前兆なんだな」

とわが父が不吉なことをいいます。そうかもしれないと思いつつ、空襲のない夜は早く寝るにかぎると、例によって父の留守なんか気にせず、蒲団《ふとん》にもぐりこんでいました。連日の空襲の爆音を聞きながら暮らしていると、何もない静かな安穏な日がくると、何かもの足りなく思うようになるのでしょう。馴れというのは人間をどんどん非人間的にするのかもしれません。

ところが三月四日午前にまたまた百五十機、三月五日深夜に約十機とやってきました。三月七日深夜にも、偵察機一機がわが熟睡の邪魔をします。いま考えると、問題は五日の午前二時半ごろに空襲をかけてきた約十機です。深夜に多数機が、しかも一機ずつ分散し、月明りを利用して襲ってきたことはいままでありませんでした。被害はさしたるものではなかったといいますが、一機ずつが例によって「盲爆」、いまでいう無差別爆撃を敢行したのです。

そこから何かを感じとらなければいけなかったのかもしれません。が、だれも鬼畜アメ公と憎悪を燃やすだけで、教訓など学びとりなんかしません。そのころ都民がいちばん気にかけていたのは銭湯のこと。近くの風呂屋《ふろや》の高い煙突から煙がきょうは出るかどうか、でした。幸いに出たぞと勇んでいけば爆弾の被害地さながらのゴッタ返し。そこで警報を恐れ、カッパライを警戒し、シラミの伝染に戦々兢々《きょうきょう》としながら、急いで身体を洗います。そういう無茶苦茶な状況から、一般の入浴時間に先立って、赤ちゃんを抱いた母親を優先させるために、特別時間をもうけてはどうかという案がでたという話も耳にしましたが、実現したものかどうかは覚えていません。

・江戸《えど》ッ子頑張れ
・防空消火に特攻精神
・我等は銃後の特攻隊

そんな標語が銭湯の脱衣場の壁にぶらさがっていたのは覚えているのですが。

わたくしは、といえば、例の物理学校のおっさん数人が眼をランランと光らせているので上野さんとの逢う瀬もままになりません。そこで両方からの〝恋の応援団〟の仲立ちで、もっぱら手紙の交換でした。前にも書きましたが内容はすべて失念。でも、彼女の手紙の封筒は封をしたところ、三カ所にわけて「つぼみ」といつも書かれていたことは忘れません。「開かない」という意味であるそうな。

こっちはいつも「〆」ばかり、じゃ能がないと知恵をしぼって、封緘《ふうかん》に$\sqrt{5}$としたためたことがあります。日向ぼっこのあるとき、彼女が訊《たず》ねました。

「あれ、どういう意味？」

わたくしは得々として答えました。ルート5は、つぼみと同じ、開かないということ、菊池《きくち》寛《かん》の小説にでていたと。上野さんは目をまん丸くしていいました。

「あんた、勉強が好きなのね。私と違って頭がいいのねえ。うらやましいな」

このときほど、勤労動員が早く終わって学校へ戻って、勉強がしたいなあ、と心から思ったことはありませんでした。

菊池寛といえば、このころ、この作家はこんな勇ましいことを書いていたらしいのです。Ｂ29がいくらやってきて、ひと晩に千軒ずつ焼いても、一年間に三十六万五千戸、それでも東京中が灰になるには約五年かかる、何ぞ恐るるに足らんや、と。軍国教師が得々として訓辞の中に引用しておりました。せっかくの$\sqrt{5}$もガタンと価値が失われた気になりました。

じつは、こんな呑気《のんき》なことを書いているときではないのです。確定した日付はないようですが、ルメイ少将が新たな作戦構想をうち立てたのはこのころでした。
1　日本の、主要工業都市にたいして、夜間の焼夷弾攻撃に主力をそそぐ。
2　爆撃高度は五千フィートより八千フィートとす。（註《ちゅう》・一フィートは約三十センチ）
3　防備および弾薬はもたず、搭乗員の数は減らす。
4　各機は個々に攻撃を行う。
5　高射砲林立する東京を第一目標とす。
三月九日朝、この思いきった新作戦命令が下令されたとき、うけとったマリアナ諸島の各基地の将兵の間を、粛然たる沈黙が流れたといいます。作戦の根幹は、大挙しての夜襲と単機の低空攻撃です。高度を五千から八千フィートとする利点の一つは、偏西風を避けることにあり、焼夷弾を積む能力をぐんと増すことにあり、単機攻撃は目標に向かって編隊をあらためて組み直す必要がありませんから、燃料が大いに節約できる。そして、日本の夜間戦闘機の劣弱さには、防備を軽減しても充分に対応できるであろうとのルメイの確信があったようです。

攻撃隊の出撃はその日のたそがれ時ときまります。サイパン島、テニアン島、グァム島の各爆撃隊から計三百三十四機が動員されました。可動機のすべてです。紙と木で造られた日本の首都東京を焼きはらうには、約二千トンのM69焼夷弾をばらまけば充分である、という冷徹な計算のもとにです。また気象班からの報告は、この夜の東京は大火災を発生させるにまことに適している北風、それも突風が吹きまくるであろうと。

こうして各B29は約六千ポンド（約三トン）のM69焼夷弾をいだいて、まだいくらか残る陽光を利用してつぎつぎに各基地から離陸していきました。目標は首都東京の、それも下町の家屋密集地帯ときめられていました。

第五章　三月十日と焼死者＝昭和二十年(2)

●「風上《かざかみ》へ逃げるんだぞ」

その夜、いつものように父の大音声がわたくしを目覚めさせました。

「坊ッ、起きろ、空襲警報だ」

前に書きましたが、すっかり大胆になって警戒警報の長いサイレンでは起きようともしませんでしたが、空襲警報ではそうはいきません。学生服で寝ていましたから、すぐズボンの上からゲートルを巻き、綿入れの袖《そで》なし半纏《はんてん》を着る、戦闘帽の上に鉄帽をかぶり、そして、いま思うとなぜか理解がつかないのですが、夜の空襲のときにはゴムの長靴をはくのを常としていました。

その夜の東京の上空は晴れ、十〜二十メートルの北風が紙屑《かみくず》を飛ばして吹き荒れています。寒気もひどく道は凍《い》てついていました。このため電波警戒器はほとんど正常に作動していなかったのか、東京防衛の第十飛行師団はうかつにもこの夜にかぎって、B29

の大編隊の接近をしらなかったようでした。それで空襲警報がずいぶん遅れました。

B29は単機または二、三機の編隊で、一万メートルの高度で房総海岸まで接近すると、波打ち際で爆音をとめ空中滑走により高度を二、三千メートルに下げ、月光に冷たく光る東京湾から侵入し、つぎつぎに爆撃行に移ります。先導の中隊が湾ぞいの深川一帯に〝準備火災《アプライアンス・ファイア》〟を発生させた後から、主力が四百メートルおきに続行し、M69焼夷弾《しょういだん》を投下する作戦でありました。

目標は隅田川と荒川放水路と中川によって囲まれている広大な低地帯、それは人口のもっとも密集している東京の下町です。三月十日零時八分、第一弾が投ぜられ、七分後、空襲警報が発せられました。

わたくしは外へ出てみて驚きました。もう南の方が真っ赤に燃え上がっているのです。その火の中をつぎからつぎへと低空飛行のB29が突っきっていくのが見えました。海の方に向かってどんどんいくのもいれば、逆にこちらへ向かって飛んでくるのもいる。そして焼夷弾をバラバラと、委細かまわずに落とします。深川のほうはもう火の海です。

「これは大事《おおごと》だ。今夜は危ないぞ」

「文藝春秋増刊くりま　半藤一利が見た昭和」より（地図・カレラ）

「ただの空襲じゃないね」

そんな会話を父とかわしました。

深川地区に充分すぎる焼夷弾の投下後、つぎは西の浅草、神田方面へ、さらに東の平井のあたりへもバラバラバラバラ落としどこも火の海にしたあと、つぎのB29群は目標地帯の最北にあたる荒川放水路ぞいの向島地区への攻撃を開始します。それがよく練られた作戦であったのでしょう。わたくしは当時その向島区吾嬬《あづま》町に住んでいました。防空壕《ぼうくうごう》の上から見上げるB29は怪物そのものです。火の海を突っきってくる巨大な機体が炎に赤く染まって、機首の機関銃が突き出ている。大きく広げた両翼は油でどす黒く汚れています。かえって獰猛《どうもう》な〝空の要塞《ようさい》〟の頑丈さを誇っているかのようでした。

その一機がわが家の真上を通り過ぎた、と思った瞬間、いわゆる「モトロフのパン籠《かご》」が頭上でパーンと炸裂《さくれつ》しました。と見る間に、ガーッと急行電車が頭上を通過するようなものすごい音で、焼夷弾が直撃してきて、私と父は防空壕上からころげ落ちるようにして地面に伏せました。もし一発でも身体に当たったら即死であったことでしょう。助かったと思うより先に、裏の油脂工場がどっと柱のごとき炎を噴き上げました。

獰猛な“空の要塞”B29。両翼が油でどす黒く汚れているのが見える。

「これは駄目だ。いかん。いいか、手ぶらで風上へ逃げるんだぞ」

という父の声をはっきりと耳にしたのですが、勇敢なる少国民は負けてたまるかと、近所の仲間と一緒にバケツや鳶口《とびぐち》を手に消火に挺身《ていしん》したのです。が、あれよあれよという間に、まわりは火の海です。焼夷弾は恐れるに足らずなんてウソもいいところです。それで逃げ遅れた。風上の荒川放水路の土堤《どて》のほうへ行こうにも、火がよんだ風はいっそう強くなり、火と煙とが束になり火流となって、渦巻きながら地面を走っています。

これはタダ事ではないと、わたくしにもさすがに直感されました。バケツも火叩《ひたた》きも投げ捨てて、まだ無事の家の中に入り、大切なものの入っている学用カバンを肩にかけました。父には手ぶらで逃げろよと何度もいわれていたのに、その言葉を無視しました。人間というものは、最後の最後になっても、なぜか、これだけは手離せないというものに執着するのでしょうか。ケチな根性からはなかなかぬけきれないもののようです。

通りへ出ると、真っ暗ですが火の手がまだすこしも見えない南のほうへ、同じ脱出の人の群れと一緒になっていくことに決めました。その南の、ずっとさきのほうは視野いっぱいに、炎が何本もの円筒になって奔騰《ほんとう》しています。しかも、ほぼ同数ぐらいそちらのほうから北上してくる避難民がいるのです。それらが、駄目だ、駄目だ、そっちは焼け死ににいくようなものだ、と互いに声をかけ合う始末なのです。

右往左往しながら、逃げ道を自分で選択しなければなりません。火と黒煙が轟々《ごうごう》と音をたてて追ってきます。いつの間にか近所の仲間ともはぐれて、たったひとりとなって逃げているわたくしは、自分の判断で西の大きな隅田川を避けて、東のずっと幅の狭い中川への道をとることにしました。

「おーい、そこへ行く中学生よ、背中に火がついているよ」

と声をかけられたのは、中居堀と呼ばれていた四つ角を左へ曲がる直前のことでした。火の粉がとりついて、綿入れ半纏《はんてん》がぶすぶす燃え出している。まさにカチカチ山。あわてて脱いだとき、肩から斜めにかけていたズックの学用カバンを落っことしてしまいました。そうです、カバンの中には、とったりとられたりでやっと集めた命より大切な「宝物」の大相撲《おおずもう》の全幕内力士のメンコ、それと上野さんからの手紙の何通かが秘められています。が、それをあらためて拾って肩にかける気がなぜか起きなかったので見捨てました。後のことになりますが、それで命を拾うことになるのです。

燃えた、といえば、逃げていく道のかたわらにいくつもの、荷物を山のようにつんだ荷車やリヤカーが捨てられてありました。なかにはそれを引っぱって行こうとする避難民もおります、人のものだというのに。でも、すぐあきらめてまた放《ほう》り出してしまいます。なぜかって、逃げるためにはあまりにも重すぎるせいもありますが、それよりも追ってくる猛火がバァーとかぶさるとたちまちに荷物が燃え上がるからです。危くて危くて、まるで火薬の塊を引いているような格好になるのです。

とにかくものすごく強く北風が吹いていました。風にあおられた火の塊が、街から街へ、荒れ狂って飛んできます。それに真っ黒な煙のうず巻き。いわば道路は火と煙の洪水なのです。何十本もの火焔《かえん》放射器でもしかけたように、ものすごい火の塊が地面を吹きとばされてころがってくる、空からかぶさってくる。

その中を逃げるわけです。荷物を背負っているのがいちばん危険です。あたりは乾燥していますから、たちまちに火焔がとりついて一気に燃え上がります。背中におぶった赤ちゃんが煙で窒息しているのも知らず、見知らぬお母さんに「この子、ぜんぜん泣かないんだけれどいい気持ちで眠っているのかしら」などと訊《き》かれて返事に窮したことを覚えています。

●中川へドブンと落ちて

ふうふういいながら、やっとの想いで中川の河岸《かし》に辿《たど》りつきますと、平井橋畔のちいさな広場はすでに避難の老若男女で埋まっていました。とにかく人が大勢いることは力強いことです。まわりは大きな工場地帯で、真っ黒く闇《やみ》のなかで静まっています。猛火猛煙の気配もなくて、助かったとホッと息をつく思いをしましたが、それはとんでもない間違いでした。追ってくる猛火の凄絶《せいぜつ》さは、火と風が重なり合って大きな工場もへちまもないのです。ちょっとした広場なんかないにひとしいのです。

いま思うと、午前三時ごろではなかったか。空襲警報解除のサイレンが鳴ったと記憶していますが、そのときになって、北の方からも南の方からもついに迫ってきた火の柱から噴き出される火の塊が喊声《かんせい》を上げるようにして人々にとりつきだしました。壁のようにといえばいいのか、大波のようにとでもいえばいいのか、そう、炎と黒煙が波打つように、人々を襲うのです。小さな広場はたちまちに阿鼻叫喚《あびきょうかん》の場所となりました。

それは凄惨《せいさん》この上なく、まさに地獄の劫火《ごうか》でした。逃げ場を失って地に身を伏せる人間は、瞬時にして、乾燥しきったイモ俵に火がつくように燃え上がる。髪の毛は火のついたかんな屑のようでありました。背後を焼かれ押されて人々がぼろぼろと川に落ちていく。広場も川も生き死にをわける修羅場《しゅらば》と化します。人間そのものが凶器になっています。自分が生きるために、人の死などかまっていられない。もうだれもが生きのびることに必死でした。

わたくしは平井橋の真ん中ぐらいまで走っていって、そこで立ち往生です。あとで考えればそのまま橋を渡りきって、どんどん逃げればよかったのです。ところが、バァーとかぶさってくる黒煙があまりにすごく、向こう岸もきっと火の海にちがいない、と思ってしまったのです。橋を渡り切る勇気をついに出すことができませんでした。

黒澤明《くろさわあきら》という監督の『七人の侍』という名画があります。そのなかで、侍のひとりがお百姓に戦いぬくための訓練をつけながら、じつにいいことをいっています。「いいか、戦《いく》さというものは走って走りまわることだ。走っていれば生きられる。走れなくなったらお終《しま》いだ。止まったらそのときは死ぬときだ」と。そのとおりです。ここは安全だと、防空壕の中から逃げようともせず、むし焼きになったものすごく多くの人を、わたくしは見ています。火と黒煙の洪水の前には安全なところなんてないのです。とにかく、走って走って走って、です。

わたくしが橋の真ん中で立ち往生していると、対岸の阿鼻叫喚を見るに見かねたので

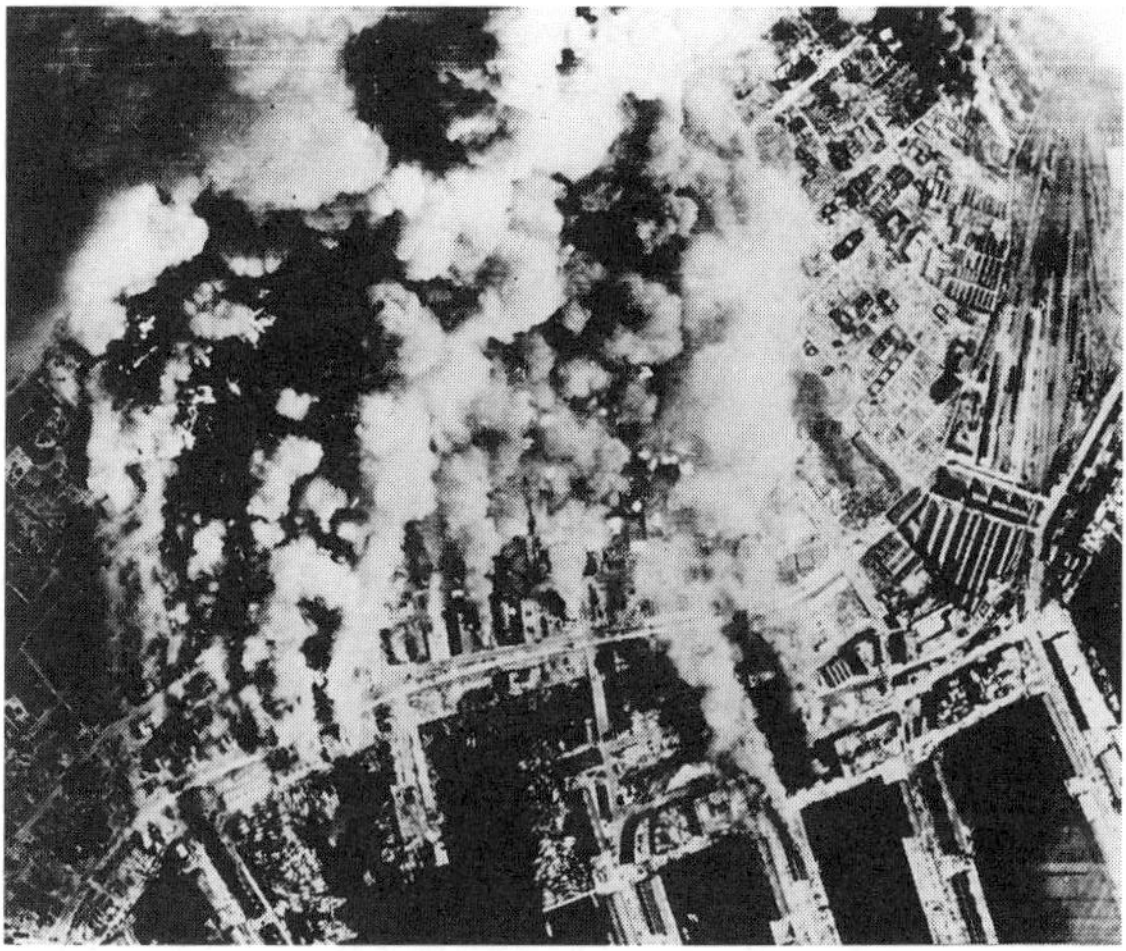

燃え盛る東京の町

しょう、吹きなぐる火焔の危険をものともせず、何隻もの船が対岸より救いに漕《こ》ぎ出してきました。えらいものです。平井橋の上よりそれを認め、橋桁《はしげた》を伝わって川面《かわも》近くまで下り、「乗っていいですか」「さあ、乗れ乗れ」と、その船の一隻にわたくしはうまく乗り込むことができました。船はそこで何人かの人を救い、その人々とともに、さらに川中で浮いたり沈んだりしている人々の救助に向かいます。「駄目だ、荷物を捨てろ」「しっかりこの手を見ろ」といった大声が川面にとび交います。

わたくしも手助けをして二人ほどの人

を船に引き上げました。船がもうこれ以上人を乗せては危険というほどになったとき、わたくしは大きな荷物を背負ってアプアプしている女の人に、出した掌《て》ではなく肩のあたりをつかまれて、船縁《ふなべり》にかけた手がかえって梃《てこ》となり、なんと、もんどり打って川に落ちてしまったのです。

川のなかは上から見ていては想像もできないほど溺《おぼ》れそうな人々でいっぱいでした。泳ぎはけっこううまかったのですが、泳ぐどころか手をつかまれ背中に抱きつかれ、水中で身体がころころと旋回します。水面に浮かぼうとしても、水面がどっちなのか見当もつかなくなってガブと水を飲みました。いつの間にか鉄帽の紐《ひも》が解けて脱げ落ちています。また水を飲む。三杯か四杯も飲むとどうやらダメらしいんですが。そして、手足を無茶苦茶に振り回してすがりつく人を振り払いました。溺れかけている人は自分が助かろうとして、なんでもいいからそばにあるものにつかまろうとして必死です。もしカバンを肩にかけていたら、それをつかまれ自由はきかなかったでしょう。

俺《おれ》は死ぬぞ、という意識が、白くなりはじめた頭のなかに浮きました。そのとき、水でいっぱいになった長靴が両方ともするりと脱げてくれたのです。ゆらゆらと水底に沈んでいく長靴がいまも脳裏に残っています。足が急に軽くなりました。あっ、こっちが水面だと。意識朦朧《もうろう》となり、半ば溺死《できし》の状態でわたくしは、水を、いやあるいは人を蹴《け》飛《と》ばしつつ、水面と思える方向へと懸命に浮かび上がろうとしました。

突然、襟首をつかまれて強く引かれました。つづいて太い腕がよいしょとわたくしを軽々と船に引き上げてくれました。最初に乗った船ではなく、別の船でした。水面に頭を出したとき、ちょうどそこにいてくれたのです。幸運そのものでした。助かったと思いながら、ゲエゲエと川面に水を吐きました。びしょ濡《ぬ》れには北風がこたえて、歯がガチガチと鳴っていましたが、俺は助かったんだと無性に嬉《うれ》しく思ったことを覚えています。

そして船の上で震えながら、赤ちゃんを抱いたり、幼い子を連れているため川に飛び込む勇気もだせずに、岸辺にうずくまっている女の人たちの姿を黙ってみつめていました。船はもう助けた人でいっぱいで、どうすることもできません。そんな彼女たちに容赦なく黒煙と猛火が襲いかかります。おそらく、体に火が燃え移るよりさきに、黒煙を吸いこんでしまうのでしょうか。黒煙がワァーとかぶさった瞬間に、みんなコロッと倒れてしまう。そして身体はあっという間に火だるまとなりました。そんなひどい様子をわたくしは、ただなんの感情も抱かずに眺めていました。

戦争は真に悲惨なものです。

その戦争の残虐さ、空《むな》しさに、どんなに衝撃をうけたとしても、うけすぎるということはありません。破壊力の無軌道さ、無制限な大きさ、非情さ、について、いくらでも語りつづけたほうがいい、いまはそう思うのです。しかし、あのとき、わたくしは船の上でただ呆然《ぼうぜん》として眺めていました。どうしようもなかったから、眺めているより仕方がなかった。それもまたたしかなことなのです。そこが戦争のほんとうの悲惨さであると思うのです。

戦争によって人間は被害者になるが、同時に傍観者にもなりうるし、加害者になることもある。そこがはじまってしまった戦争の真の恐ろしさなんです。

そう考えると、これからの人間のすべきことが自然に浮かんできます。自分たちの生活のなかから〝平和〟に反するような行動原理を徹底的に駆逐すること、そのことにつきます。何よりも人間を尊重し、生きていることの重みをいつくしむこと、それ以外に戦争をとめる最良の行動はありません。ふだんの努力をそこにおくのです。はじまってしまってはそれまでです。はじまる前にいつもそのことを考えているべきなのです。

戦争が人間の本性にどれほど深く喰《く》いこんでいるか、わたくしたちはいまの世界の動乱やテロ行動をみるにつけ日々それを実感させられています。ですから、単に戦争の外形的な悲惨さ、非情さ、残虐さを強調するだけではいけないのです。それだけでは、平和を守りえないことは歴史が証明しています。ですから、自分たちの日常生活から戦争につながるようなことを、日々駆逐する、そのほかにいい方法はないのです。そう、わたくしは自分の体験から学んでいるのです。

●「一皿の焼鳥のように」

いや、少々余計なことを書きました。もう少しわが体験の話をつづけます。

家に、いや、家のあったところに戻ったのは、もう太陽も高くなった朝の九時ごろではなかったかと思います。びしょ濡れの洋服を乾かさないことには寒くて寒くてたまらなかったし、それに靴下だけでは焼け跡を歩くことはできません。洋服を乾かす火は周囲に山ほどありました。靴は川に飛び込もうと人が脱いだのが何足もあります。すべてそれを利用しました。いま回想すれば、まわりには真っ黒になった焼死体がいくつも転がっていたのです。その人たちは船の上でたしかに目にした、あのかんな屑のように燃え上がった女の人たちや幼児たちであったのでしょう。しかし、何とも思わず見ようともしなかったのです。

焼け死屍《しし》は家へ帰る道々でほんとうにたくさん見ました。道路には数えきれないほど転がっていたのです。炭化して真っ黒になった死体です。作家坂口安吾《さかぐちあんご》の言葉を借りれば、その朝わたくしが目にしたものは、「一皿の焼鳥のように並べられた」人間、いや「もとより人間ではない」モノでした。

防火用水の中で息絶えている人も見ました。逃げ遅れた人が熱くて熱くて、防火用水の中に身を沈めたんでしょう。劫火が襲ってきて、水の中に潜ったものの息がつづかず、思わず顔をあげた瞬間に火と黒煙をかぶったのだろうと思います。なにしろ胸から上だけが黒焦げで、下は焼けてないのです。無惨でした。

人間というのはいつ、どういう死に方をするやらわかりません。こういう衝撃的な死をいくつも見ているのに、ひどいもので、無感動そのもの。神経も感覚もすっかり鈍麻し麻痺《まひ》しきっている。死んだ人のことにいちいち思いを致すことはなくなっています。すでに書きましたが、くり返します。いくらでも非人間的になれる、それがおっかないところなのです、戦争というものの。

家は綺麗《きれい》に焼けていました。表面が真っ白になっているので驚きました。でも、足を踏み入れると、真っ白いものはパアーと軽々と飛び散って、焼け焦げた土があらわれました。真っ白いものは畳表であったのです。軽いので上にファーとかぶさっていただけなのです。猛火というものの不思議な威力を実感しました。

あまり帰りが遅いので焼け死んだかと思っていたらしい父が、どこからともなく姿を現わして、何もいわずにニコニコとしたのが嬉しかったことも覚えています。でも、ただそれだけでした。言葉は何もかわしません。二人して顔を見合わせてニコニコしただけでした。

もう一つ、猛火に関連して忘れられないことがあります。わが家では、大きな穴をあけたドラム缶に釜《かま》をのせて、庭で御飯を炊《た》いていたらしいのです。そのドラム缶も釜も

（石川光陽撮影）

真っ黒になった焼死体

高熱で焼けてペシャンコになっていましたが、何ということもなく真っ黒になった釜らしいものの上をかきわけたのです。すると、黒焦げの飯がでてきました。それを指で少しほじくったら、アレアレとびっくりするほど、まっ白い、うまく炊けたゲンマイ入りの御飯がでてきたではないですか。猛火を浴びて釜はペシャンコになりながら、なかのお米はその火力でうまく炊けていたんです。

「オーイ、御飯があるぞォ」

と叫んだら、近所で焼け跡をほじくっていた人たちが三人、四人と集まってきました。だれもが空腹であったのでしょう。まわりは黒焦げでほんのひとにぎりくらいしか食べられるところはありませんでしたが、みんなで分けあってむさぼり食いました。しみじみとウマイなあと思いました。いままでにあれほど美味《おい》しい朝飯を食べたことはありませんね。

そしてその焼け跡にポツンと立ちながら、俺はこれからは「絶対」という言葉を使うまい、とただひとつ、そのことを思いました。絶対に正義は勝つ。絶対に神風が吹く。絶対に日本は負けない。絶対にわが家は焼けない。絶対に焼夷弾は消せる。絶対に俺は人を殺さない。絶対に……と、どのくらいまわりに絶対があり、その絶対を信じていたことか。それが虚《むな》しい、自分勝手な信念であることかを、このあっけらかんとした焼け跡が思いしらせてくれたのです。俺が死なないですんだのも偶然なら、生きていることだって偶然にすぎないではないか。中学生の浅知恵であるかもしれません。でも、いらい、わたくしは「絶対」という言葉を口にも筆にもしたことはありません。

この夜の空襲で、記録によれば、B29は全機で千六百七十トンの焼夷弾を投下しました。死んだ人は十万人を超えます。そのうち向島区の死者は八千人以上といいますが、一家全滅もあり、離散か死亡か不明もあり、正確な数は知りようもないようです。区の面積の九割が焼け十五万区民のうち十二万が被災したといいます。学童疎開で子供たちが幾分でも難が避けられたのは不幸中の幸いでしたが、偶然にその朝に疎開から帰った千百六十九人の子供のうち何百人かは迎える人もない孤児となったといいます。のちに、都の戦災孤児寮に入った三百四十五人のほとんどが、下町の子供たちでした。

そして戦争は戦後一年経《た》っても向島では終わりませんでした。川や土のなかから思いもかけないとき死骸《しがい》が姿を現わしました。昭和二十一年秋、横十間川《よこじっけんがわ》で、焼けた船の残骸を薪《まき》にでもするつもりで、ある男が竿《さお》で突いたら、下から土左衛門《どざえもん》がぽかんと浮いてきた。あの夜、飛びこんで溺れ死んだ人なのでしょう。

「姿かたちをとどめないその臭い死体のなかに、お前様、うなぎの野郎がいくつもいくつも首突っこんで、腐肉喰《く》らっていたっていうで……」

と、語るおばあさんに出会ったことがあります。その臭い死体にわたくしがならなかった保証はどこにもありません、あのときもしも……とわたくしは嫌でも溺れかけた自分を思い出さないわけにはいきませんでした。

それはともかく、町会長などをやっていた父は、罹災《りさい》証明書の発行やら、立《た》ち退《の》き先で配給を受けとるための身分証明代わりのものの発行やらで忙しく働いていました。父が探してきてくれた焼け残った知人の家で寝泊まりしながら、わたくしは何をしていたのか、記憶がまったくありません。毎日、焼け跡でぼんやりしていたのでしょうか。

その父の残務整理の仕事が終わって、母や弟妹のいる茨城《いばらき》県下妻《しもつま》在の疎開先に向かって、東京を去ったのは三月十五日であったと思います。

半藤さんが描いた東京大空襲

●感動の再会、そして夫婦喧嘩《げんか》

その前に、書き忘れてはならないことが一つありました。それは十日の昼ごろであったか、翌十一日のことであったか、女の人が一人訪ねてきたのです。その女性は、焼跡でなにか残っていないかと穴掘りをしているわたくしに、「お父さまはご無事でしょうか」と訊《たず》ねました。「ええ、生きていますよ」と答えると、「それはようございました。では、これをお父さまにお渡しして下さい」と紙包みをわたくしのシャツの胸ポケットに押しこんで、

「××子はお蔭様《かげさま》で無事で、これから国へ帰ります。そうお父さまにお伝え下さい」

といって、ちょっと淋《さび》しそうに肩を落として去っていってしまいました。聞いたばかりの名は即座に忘れてしまいました。ただそれだけのことなのですが、紙包みをもらったことまでも忘れてしまったのがいけませんでした。

三月十五日夕刻、下妻在の騰波《とば》の江村《えむら》(現下妻市)という疎開先に着きました。母はわたくしたち二人が空襲から五日たっても顔をみせないので、もう死んだものと思っていたらしいのです。下妻からも空一面に真っ赤に染まった東京の空が眺められたほどの

空襲でしたから、生きているのが不思議と諦《あきら》めていたようで、そこへ父とわたくしがひょっこり現われたものですから、これは飛び上がっての歓迎となりました。

ところが、この感動の再会のときに、わたくしはかの紙包みのことを突発的に思いだしてしまったのです。どうして頭の中の記憶の配線がそのときにつながったのかわかりません。とにかく、みんなが泣き笑いして喜んでいるときに、「そういえば、きれいな女の人がこれをおやじに渡してくれといっていた」と、例のものをとり出してしまったのです。父がバツの悪そうな顔をして受けとって紙包みをひらくと、なかに十円札が入っていました。母は表情を変えず、父からその十円をさっととりあげました。その場はそれで終わりました。

その夜のことです、伯父《おじ》伯母《おば》たちも交えての無事生還の祝宴も終わって大分たった真夜中近く、わたくしがトイレに起きてくると、まだ居間の光がもれています。そっと板戸をあけると、正面に食いつかんばかりに真剣な顔をした母が見え、その前に、畳に両手をついて平蜘蛛《ひらぐも》のようにはいつくばった父の尻《しり》が見えました。母はわたくしがのぞいていることに気がつくと、ニコニコと表情をいっぺんに崩して、片目をギュッと強くつぶってみせました。

瞬間、そうか、あの女の人は父のお妾《めかけ》さんであったのか、と気づき、あの十円札がケンカの原因だとすぐにわかりました。母にしてみれは、無事であったことは何よりも嬉しいけれど、お灸《きゅう》だけはすえておかなくては、ということであったのでしょう。それにしても、なーんだ、なにやかにやと内閣や軍部にたいしては偉そうにご託宣をならべるオヤジも、オフクロにはからっきしなんだと、ま、すこぶる満足して蒲団《ふとん》にもぐりこみました。警戒警報や空襲警報のサイレンや鐘の音にもう起きることはない夜は、ほんとうに楽々としたものでした。

だいぶたってから父が、不意に思いだしたのか、「見知らぬ人からものをもらうもんじゃない。これから気をつけろッ」といって、ごく軽く、コツンと拳固《げんこ》をわが頭にくれました。三月十日の後日談として、人生いろいろあるのだという意味で余計なことを書いてみました。

余計なことといえば、わたくしはその後まことに長いこと、ほぼ五十年近く、三月十日の空襲の夜の、やっと生命《いのち》をひろった話をだれにもしませんでした。言葉にだしていうと、やや自慢話というか、勇敢なる少年のように自分を美化して語っているような気になってくるからです。

ものすごい危険ななかにあって、それに負けずに一瞬一瞬に賭《か》けた懸命な生き方、それは紙一重で、勇気や立派さともなりそのまま陶酔しやすい危険につながっています。危険をものともせずに生きぬき、そしてそのとき腹の底から感じた生甲斐《いきがい》のようなものは、戦争そのもののあやしげな魔力と結びつきやすいようです。戦争体験を語りつぐ、と簡単にいいますが、そのことのむつかしさはここにあると思っています。

戦争がいかに悲惨で残酷なものであるかという事実は、くり返しくり返し語らねばなりません。が、じつはそうしながらも正確であり冷静である必要がもっとも大きいのは、あるいは語るほう、つまりわたくしのほうにある。よっぽど冷静に語ろうと思っても、いつか情感をこめて、さながらそこに人間の美徳があるかのように熱っぽくなるのが人間というものなのです。自戒せねばならないことと思っております。

エピローグ　天皇放送と煙草《たばこ》一本＝昭和二十年(3)

●天皇放送までの日々

茨城《いばらき》県下妻在での生活がはじまりました。県立下妻中学校に転入しますがすぐ三年生になります。そこも日立製作所傘下の学校工場となっており、こんどは旋盤を操作し、軍需品のネジを製作する仕事を与えられました。この中学校でも勉強どころではなく、職工さんにまじって、昼勤・夜勤の二交代制で怠けることなく働きましたが、もうどんづまりになっている戦局で、わたくしたちの製作したネジが国の役に立ったとはとても思えませんでした。

それよりも下妻中学時代で忘れられないのは、こんどはB29にあらず、敵戦闘機の乱舞です。三月十七日に硫黄島《いおうとう》守備の日本軍が玉砕し、それから一カ月ほどもたたぬのに、もう硫黄島を基地とする戦闘機P51が日本本土を荒らし回ります。筑波山麓《つくばさんろく》のこの付近には飛行場が多く点在し、それを目標として連日のように敵戦闘機が来襲しました。反

焼け跡の深川を視察する昭和天皇
（昭和 20 年 3 月 18 日）

撃すべき日本の戦闘機の影すらもありませんから、Ｐ51はわがもの顔に何でもいい動くものならすべてへの、無差別の機銃掃射をしかけてくるのです。

「そんなに機銃掃射の弾が当たるもんじゃない。ただし、急降下の飛行機がまん丸く見えたら最大に危険と思え。右か左に逃げろ。それ以外のときは真っすぐに走れば大丈夫だ」

と七中時代に配属将校に秘伝を授けられていましたから、新しく同級生となったものに講釈していましたが、いざとなったらそれを思い出す余裕などありません。中学校の校舎も近くの下妻駅も銃撃され肝を冷やした。機銃掃射の恐ろしいこと、恐ろしいこと。そして、ただの一度でしたが、逃げ場のない小貝川の堤で、急降下のP51の機体がまさしくまん丸く見え、左右に逃げるどころかその場にへたりこんでしまったことがあります。右横三十センチほどのところに、バリバリバリバリと燃えた鉄片が厚い空気をぶっ裂くように突き刺さりました。パッパッパッと三十センチほどの土煙が上がる。この十二・七ミリの連続音には血が凍《こご》りました。敵のパイロットは面白半分に狙《ねら》ったのでしょうが、獲物となったほうにはただ恐怖をともなった憎悪だけが残されたのです。

ときにこう説く人がいます。戦後日本がアメリカの占領政策に大きな反発もなく、あっさりと受け入れていったのは、映画やジャズなどでつねづね親しみを抱いていたからではないか。奇妙なほど多くの日本人はアメリカやアメリカ人に憎悪をもつことはなかった、と。しかし、中学三年生の対アメリカ観は、そんな単純なものではありませんでした。B29といいP51といい、親しみなんかは毛頭もてず、あるのはその無差別攻撃にたいする嫌悪に近い憎しみの感情だけでした。

それにしても、十五歳の少年にして少年にあらず、ろくな勉強もしてこなかったから頭は空のくせに、この戦時下にどうやって大人の社会と身をすり合わせて生きていくか、相当に大人びた知恵とすれた感覚を身につけていたと思うほかはありません。単純に、食べものを戦後にもらったから親しむというわけにはいきません。

このことは同時に、戦争中に日本人が中国や東南アジアの国々の人たちにやったことに通じます。腹の底にまでしみとおった憎しみは、簡単に拭《ふ》けばキレイになるといったものではないのです。わたくしたちはそのことをよく考えなければならないのです。

ある日、油まみれの旋盤工として帰宅したわたくしに、父はまことに利己的なことをいいました。

「戦局がここまでくれば、本土決戦は不可避で、九十九里への連合軍の敵前上陸は目に見えている。一億玉砕は覚悟の上、とはいえ、戦争の目鼻がつく前に人に先んじて死ぬことはない。ここにいるよりもわが郷里の新潟《にいがた》県にいこう。あそこならまだ当分は安全だろう」

七月中旬、家族六人は工面して汽車の切符を手にいれ、茨城県をあとにします。また転校かいなといささかうんざりするところもありましたが、下妻中学では疎開者として散々に殴られたし、空襲や機銃掃射は沢山という厭戦《えんせん》気分のほうが強くなっていました。死ぬのはゴメンだと、父の意見に賛成しました。

こうして、新潟県長岡《ながおか》市在の、戸数百戸ほどの寒村が、新しい仮住居となりました。

その疎開していったさきの長岡市が、B29による夜間の無差別爆撃をうけたのは、たどりついて十日ほどたったときの八月一日でした。行くさきざきで攻撃をうける。厄病神がついてきているのかなと思いました。ただし、この長岡空襲のときは、市街から十数キロも離れた田舎におりましたので、真っ赤に焦がされる空をただ眺めておりました。いや、あの燃え上がる天の下には間違いなく自分の体験した悲惨があるのだと、心から悲しい気持ちに襲われていたことも事実なのです。よそ事ではない想いです。

もう沢山だ、こんなことがいつまでつづくのか、そう思って父にたずねました。

「すぐに終わる。大丈夫だ」

父のハッキリした返事を耳にしながら、何が大丈夫なものか、降参するよりほかに終わる方法はないじゃないか、とひどく打ちのめされたことを覚えています。

昭和二十年八月六日の広島市への原爆攻撃、たった一発の爆弾で死者は七万八千百五十人（二十年十一月時点の発表）。その後、原爆症という不治の病に侵《おか》されて今日まで死者はつづいていますので正確には何十万の方が亡くなったかは現在でも不明だと思います。

さらに八月九日、ソ連軍の満洲《まんしゅう》侵攻です。日ソ中立条約を破って、「世界平和のために」という名目で堂々と押し入ってきました。国際道義もへちまもあったものではありません。そして同日、もう不必要な殺戮《さつりく》だと思えるのに、アメリカは長崎へも二発目の原爆を落としました。何ということか、というほかはありません。

そして、やっと、その日が訪れます。

その日、日本本土のほとんどの都市は、鉄屑《てつくず》と瓦礫《がれき》の堆積《たいせき》した荒涼たる焦土でありました。長岡市もまた、そうです。いまになると、そこがそうなるまでにどのような猛火と黒煙と火の塊の乱舞があったことか、それを実際に体験した人々の記憶からも消えかかっています。東京は天をつく超高層ビル、うねりにうねる高速道路。焼け野原など想像もできません。悪夢ゆえに忘れたのではなくて、華麗にしてあまりに悲惨なことを人は記憶にとどめようとはしないのではないかと思います。あるいはきちんと記憶することが億劫《おっくう》なほどに、当時の人々は戦争に疲れ切っていた、だから忘れた、といったほうがいいのかもしれません。ましてや体験しなかった人には……。わたくしも二度も生命《いのち》をなくそうとした恐怖を、できるだけ忘れ去ろうとしていました。

記録によれば、その日は東北地方と北海道のほかは、雲ひとつない晴天が広がっていたといいます。気温はどこも三十度を超えています。名古屋は三十六度五分、京都は三十六度三分。そして東京は三十二度三分を示していたそうです。どこまでも拡《ひろ》がる焦土に、真っ青な空から太陽がぎらぎらと、もういっぺん焦《こ》がし尽くすかのように照りつけていました。

昭和二十年（一九四五）八月十五日、その瓦礫の町々にラジオが最後の戦闘情報を流します。十一時五十九分をまわっています。

「……目下、千葉、茨城の上空に敵機を認めず」

つづいて正午の時報がコツ、コツ、コツと刻みはじめる。

「天皇陛下におかせられましては、全国民にたいし、畏《かしこ》くもおんみずから大詔を宣《のたま》わせ給うことになりました。これより謹みて玉音をお送り申します」

君が代が流れる。それは日本民族が夢みた途方もなく大きな何ものかが崩壊するときなのかもしれませんでした。そして崩壊の代償として、一億の日本国民はいま偉大なる葬儀に参列するのです。「八紘一宇《はっこういちう》」などという大日本帝国の不相応の夢を葬《ほうむ》るのです。昭和天皇が喪主といえるでしょうか。その天皇の肉声が、あらんかぎりの努力が払われて、本土はもとより、アジア全域にひろがった日本人に送りとどけられました。

「……今後帝国ノ受クベキ苦難ハ固《もと》ヨリ尋常ニアラズ、爾臣民《なんじしんみん》ノ衷情《ちゅうじょう》モ朕《ちん》善ク之《これ》ヲ知ル然《しか》レドモ朕ハ時運ノ趨《おもむ》ク所　堪へ難キヲ堪へ忍ビ難キヲ忍ビ　以《もっ》テ万世ノ為《ため》ニ太平ヲ開カムト欲ス……」

のちに中村草田男《くさたお》という俳人が「烈日《れつじつ》の光と涙ふりそゝぐ」という句をその日に詠《よ》んだと知りましたが、日本じゅうがおそらくそうであったと思います。

皇居内の地下防空壕《ぼうくうごう》の御座所にあって、天皇は自身のラジオの声に聴き入り、侍立《じりつ》する侍従には後ろ姿のゆえにさだかではありませんでしたが、天皇も涙を流していると感じられたといいます。ポケットからハンカチを探しているふうでしたが、もどかしく机上の白手袋をもって頬《ほお》のあたりを拭《ぬぐ》った様子に、侍従はたまらなくなり声を出して泣きだしてしまったとか。

●焦土に芽ぶいていた雑草

当時の日本人一人ひとりが、朝からの灼熱《しゃくねつ》の太陽と、沁《し》みいるような蟬《せみ》の声とともに、汗まみれで聞いた天皇放送をいまも覚えているのです。共通しているのは、録音の具合の不都合のためか、電波気流の悪かったためか、明確には聞きとれなかったということです。なかにはこのために、最後の一兵まで頑張れの叱咤《しった》激励《げきれい》の言葉として受けとったと力説する人もいます。記憶はさまざまですけれども、放送はこのあと、和田信賢《わだのぶかた》アナウンサーの詔書再朗読がなされ（これは明瞭《めいりょう》に聞こえました）、さらに内閣告諭の朗読や解説もあって、連合国より発せられているポツダム宣言を受諾して、大日本帝国が降伏したことはあまりにも明らかになりました。

この放送を、わたくしは勤労動員先の新潟県長岡市の津上製作所の工場内で聞きました。工場は空襲の被害もうけず、残っていました。三月十日の東京大空襲で焼け出され、茨城県下妻から、やむなく父の郷里である長岡在の寒村に疎開、県立長岡中学校（現長岡高校）に転入し、ひきつづき勤労動員で働いていたからです。中学三年生、十五歳になっていました。

重大放送があると知らされて、機械はその直前にいっせいに止められて、工員も中学生もラジオの拡声器の前に集まります。工場内は妙にシーンと静かになったのに、昭和天皇の言葉はほとんど聞きとれませんでした。けれども、堪え難きを堪え忍び難きを忍びと、意味はきわめて明瞭でした。天皇の一種異様な、抑揚のついた朗読が奇妙なくらいおかしく聞こえ、内心に珍無類《ちんむるい》な連想がわき起こり、降伏とわかったのに思わずクスリとなったことを覚えています。

それは東京・下町の算盤《そろばん》塾での、先生の数字の読みあげなのです。御破算で願いましては五十六銭なり八十八銭なあり……という。

「とうとうわが大日本帝国もごはさんになったんだな」と。

いま思うと不謹慎ながら、それが天皇放送を聞いた直後の最初の感想でありました。あの酸鼻をきわめた空襲をくぐりぬけた少国民として、その時のわたくしは相当にスレていたのかもしれません。

そのくせ、まわりで大人たちがあるいは号泣し、あるいは咽《むせ》び泣いているのを眺めながら、少し時間が経過すると、俄然《がぜん》、悲壮感というか絶望感というか、情けない気分に落ち込んでいたのであるから世話はありません。祖国敗亡がしみじみと悲しかったのです。あんなに死に物狂いで一所懸命に戦ったのに、という口惜《くや》しさのまじった悲しみでした。

与太公《よたこう》的な同級生に誘われて、工場隅の防空壕にもぐりこんで、禁じられていた煙草《たばこ》を生まれてはじめてふかしたのはその直後のことです。国が敗れたからには、やがてアメリカ軍やソ連軍がやってきて、女たちは凌辱《りょうじょく》され、男たちは皆奴隷となる。お前たちは南の島かシベリアかカリフォルニアへ連れていかれ重労働させられる、と前々から大人たちに教えられていましたから、人生の楽事は早いとこ知っておかなくちゃ、というはなはだ捨てっぱちの気持ちになっていました。ただし、そのとき吸った一本の煙草の味については記憶がまったくありません。

「煙草のつぎは、オンナだなや」

「オンナ？　どこにおるんだい、われわれのいうことを聞く女が……」

「工場内に、勤労動員の女学生がいっぺえいるじゃねえか」

そんなタワケタ会話をかわしたのは覚えています。

そして、煙草を吸ったあと何をして時間をつぶしたのか、その記憶はないのです。工場の機械は全部止まりましたから、作業を続行したはずはないのです。本数の少ない汽車通学でしたので、まだ陽《ひ》の高いうちにちょうど間に合う汽車で帰ることを許されたようにうっすらとした記憶があります。そして帰途の信越線の超満員の列車のなかでの印象、すなわち客がみんな無表情、無感情、無口で、まさに生きながら死んだものは、こんな具合でなければならない典型のような貌《かお》をしていたこともはっきりしています。

そんななかで、わが友が突然のように、「連合艦隊はどんげになっとるのかのォ」というのに、目を血走らせた髭《ひげ》の男が吼《ほ》えるように、「そんげなもん、みな沈んでるこて」とブスッとした声でいいました。わが友が調子に乗っていうのです。

「天ちゃんはどうなるろかねぇ」

その言葉に拍子を合わせて、沈痛な空気一色の車内で、わたくしは思わずアハハハと笑ったのです。そして目の前にいた髭の男にこっぴどく叱《しか》られ、ひどくきまり悪い思いを味わったことも覚えています。しかし、それは空元気《からげんき》の笑いであったのです。

その晩、かなり意気消沈していたわたくしは、さっぱりした顔になっている父に聞きました。日本人の男は全員、カリフォルニアかハワイに送られて一生奴隷に、女はアメ公の妾《めかけ》にされるんだよね、と。

わが父は一喝しました。

「バカもん。なにをアホなことを考えているんだ。日本人を全員カリフォルニアに連れていくのに、いったいどれだけの船がいると思っているのかッ」

「日本人の女を全員アメリカ人の妾にしたら、アメリカの女たちはどうするんだ、馬鹿《ばか》野郎《やろう》ッ」

このオヤジどのの言葉に、わたくしは目が覚めました。リアリズムという言葉を当時は知りませんでしたが、そうだ、戦争に負けたってぐにゃぐにゃになることはないんだ、みんなが頑張れば再建できる、日本の明日はまちがいなく来る、とまったく単純ですがそう思ったのです。国破れて山河あり、焼け野原にだって新しい草は萌《も》えでる、爆撃でふっ飛んだ被災地に一カ月もすると青いものが芽生えていた、その事実をたしかにこの目で見たことを、わたくしは想《おも》いだしていたのでした。

あとがき

「二度と戦争があってはならない。あの悲惨はゴメンだ。平和をあくまでも守らなければならない」——近ごろ、そういう声を聞く。ほんとうにしばしば聞く。どことなく世の風潮が荒々しく、殺伐としてきたからかもしれない。まったく、そのとおり、といつも思います。その言葉はまことに正しい。でもネ……と、きまってそのあとで疑念がひょっこりと首をのぞかせるのです。

戦争は悲惨である、とだれもがいいます。事実、戦争とは言葉でいう悲惨以上に悲惨なもの。しかし、それをほんとうに知っているのは、いまの時代、そんなに多くいないのではないか。そう、いまから六十余年前、あの熱狂的な提灯《ちょうちん》行列や日の丸の旗行列の連続のあとからやってきた真底の暗闇と、やがてそれを突き破って落とされてきた爆弾や焼夷弾《しょういだん》のものすごいうなり、はげしい閃光《せんこう》、猛火と黒煙の奔流と、それをたしかに体験したものだけなんじゃないか、真の悲惨というものを知っているのは。そう思うのは年寄りの悪い癖、と承知していながら、やっぱりそう思えてしまうのです。

ちくまプリマー新書編集部の四條詠子さんから、本書執筆の依頼があったとき、ヨシ、やってみるかとすぐ考えたのは、そんな想いを常日頃いだいていたからでした。でも、戦争体験を語るのは限りなくむつかしいことです。とくに三月十日の朝、荒涼たる焼け野原に立っていた当時の中学二年生は、まわりにあまりにも多くの真っ黒になった人ではない、モノが転がっていたため、神経が痲痺《まひ》し感覚が鈍磨しきっていて、人間らしい何ものも感じてはいなかった。それが事実なのです。こうした一つの個人的な事実を語れても、はたして歴史的真実に迫れるかどうか、自信はないのです。

ですが、とにかく一所懸命に書いてみました。ひとりでも多くの若い人たちに読んでもらえれば、この上なく嬉しいこと、と思いつつです。かつての中学生も、年が明ければやがて満八十歳になります。そんな爺さんの願いは、つまりはただの一つなのです。

日本よ、いつまでも平和で穏やかな国であれ。

二〇〇九年の大晦日《おおみそか》の夜に

半藤一利

〈参考にした本など〉

防衛庁防衛研修所戦史室編『本土防空作戦』（朝雲新聞社）
小野賢一『太平洋戦争と国民総動員』（けやき出版）
川崎洋『わたしは軍国少年だった』（新潮社）
小林信彦『一少年の観た〈聖戦〉』（筑摩書房）
室伏高信『室伏高信随想集〈第1〉汀（なぎさ）』（綜合日本社）
森輝『風は過ぎ行く』（隣人社）
山中恒『少国民はどう作られたか』（筑摩書房）
E・バートレット・カー／大谷勲訳『東京大空襲』（光人社）
朝日新聞特集「25年目」（昭和四五年夏の連載）

ちくまプリマー新書 129

15歳《さい》の東京大空襲《とうきょうだいくうしゅう》

二〇一〇年二月十日 初版第一刷発行
二〇一九年十月五日 初版第二刷発行

著者 半藤一利（はんどう・かずとし）
装幀 クラフト・エヴィング商會
発行者 喜入冬子
発行所 株式会社筑摩書房
東京都台東区蔵前二‐五‐三 〒一一一‐八七五五
電話番号 〇三‐五六八七‐二六〇一（代表）
印刷・製本 株式会社精興社

ISBN978-4-480-68832-3 C0295 Printed in Japan